彩图 1

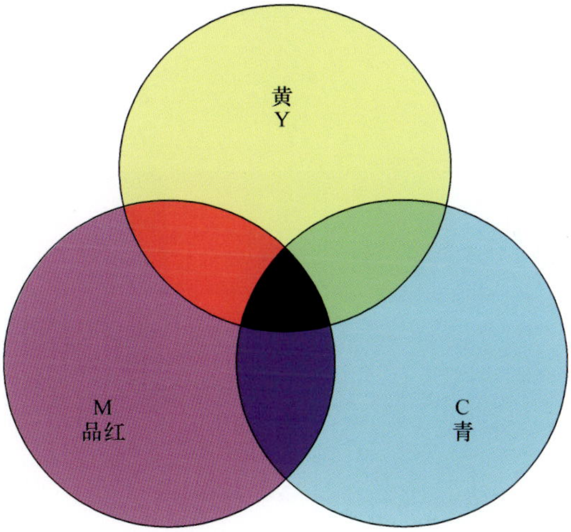

彩图 2

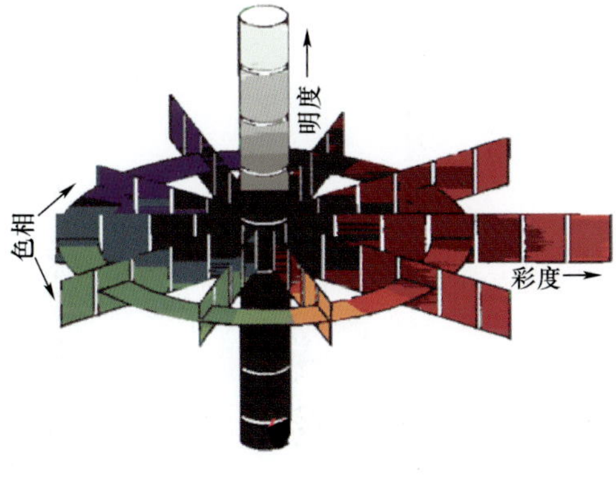

彩图 3

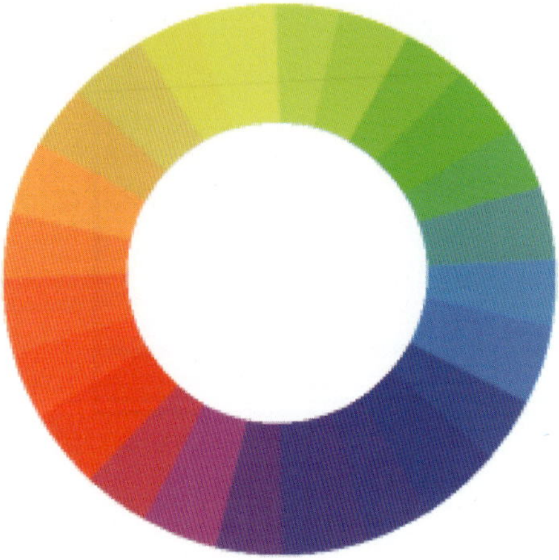

彩图 4

彩图 5

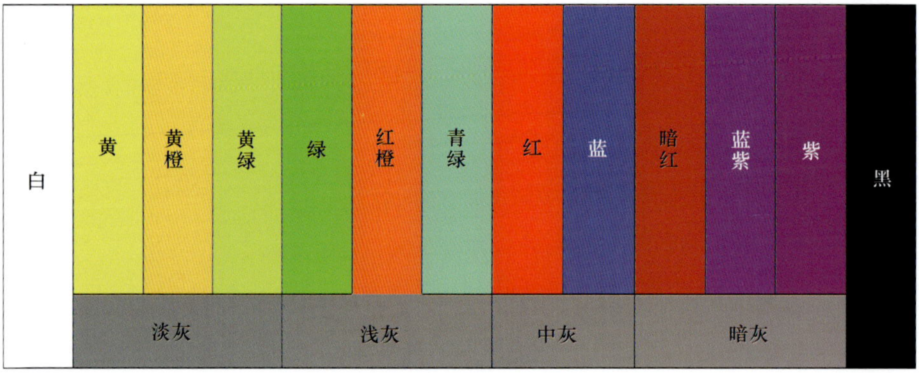

彩图 6

彩图 7

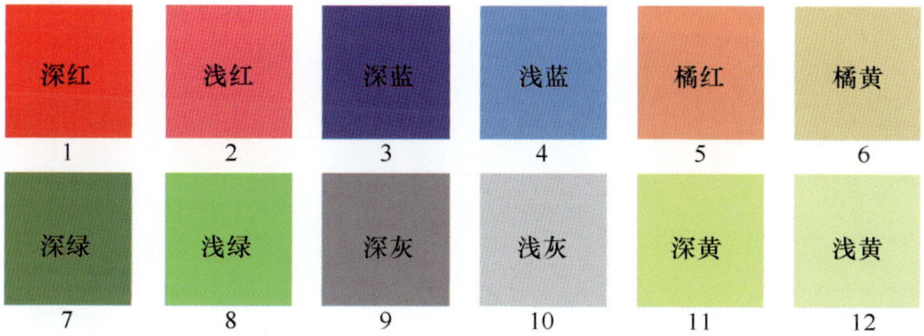

彩图 8

彩图 9

彩图 10

彩图 11

1+X 职业技术·职业资格培训教材

QICHE WEIXIUGONG

汽车维修工

（车身涂装修复）（五级）

编审委员会

主　　任　张　岚　魏丽君

委　　员　顾卫东　葛恒双　孙兴旺　张　伟　李　晔　刘汉成

执行委员　李　晔　瞿伟洁　夏　莹

编审人员

主　　编　唐明斌　徐　冬

编　　者　徐志勇　沈银娥　李联保　朱　宏

主　　审　周　杰

中国劳动社会保障出版社

图书在版编目(CIP)数据

汽车维修工：车身涂装修复：五级/人力资源社会保障部教材办公室等组织编写. -- 北京：中国劳动社会保障出版社，2018

1+X 职业技术 · 职业资格培训教材

ISBN 978-7-5167-3669-2

Ⅰ. ①汽…　Ⅱ. ①人…　Ⅲ. ①汽车-车辆修理-职业培训-教材　Ⅳ. ①U472. 4

中国版本图书馆 CIP 数据核字(2018)第 206191 号

中国劳动社会保障出版社出版发行

（北京市惠新东街 1 号　邮政编码：100029）

*

三河市华骏印务包装有限公司印刷装订　　新华书店经销

787 毫米×1092 毫米　16 开本　12. 5 印张　2 彩插页　238 千字

2018 年 10 月第 1 版　　2018 年 10 月第 1 次印刷

定价：36. 00 元

读者服务部电话：（010）64929211/84209101/64921644

营销中心电话：（010）64962347

出版社网址：http://www.class.com.cn

内容简介

本教材由人力资源社会保障部教材办公室、中国就业培训技术指导中心上海分中心、上海市职业技能鉴定中心依据上海 1+X 汽车维修工（车身涂装修复）（五级）职业技能鉴定细目组织编写。教材从强化培养操作技能，掌握实用技术的角度出发，较好地体现了当前最新的实用知识与操作技术，对于提高从业人员基本素质，掌握汽车维修工（车身涂装修复）（五级）核心知识与技能有直接的帮助和指导作用。

本教材在编写中根据本职业的工作特点，以能力培养为根本出发点，采用模块化的编写方式。全书共分为 6 章，内容包括：职业道德、汽车构造、化学基础知识、涂料知识与安全作业、调色基础与图案制作、汽车修补涂装基础等。

本教材可作为汽车维修工（车身涂装修复）（五级）职业技能培训与鉴定考核教材，也可供全国中、高等职业技术院校相关专业师生参考使用，以及本职业从业人员培训使用。

前　言

职业培训制度的积极推进，尤其是职业资格证书制度的推行，为广大劳动者系统地学习相关职业的知识和技能，提高就业能力、工作能力和职业转换能力提供了可能，同时也为企业选择适应生产需要的合格劳动者提供了依据。

随着我国科学技术的飞速发展和产业结构的不断调整，各种新兴职业应运而生，传统职业中也愈来愈多、愈来愈快地融进了各种新知识、新技术和新工艺。因此，加快培养合格的、适应现代化建设要求的高技能人才就显得尤为迫切。近年来，上海市在加快高技能人才建设方面进行了有益的探索，积累了丰富而宝贵的经验。为优化人力资源结构，加快高技能人才队伍建设，上海市人力资源和社会保障局在提升职业标准、完善技能鉴定方面做了积极的探索和尝试，推出了1+X培训与鉴定模式。1+X中的1代表国家职业标准，X是为适应经济发展的需要，对职业的部分知识和技能要求进行的扩充和更新。随着经济发展和技术进步，X将不断被赋予新的内涵，不断得到深化和提升。

上海市1+X培训与鉴定模式，得到了国家人力资源社会保障部的支持和肯定。为配合1+X培训与鉴定的需要，人力资源社会保障部教材办公室、中国就业培训技术指导中心上海分中心、上海市职业技能鉴定中心联合组织有关方面的专家、技术人员共同编写了职业技术·职业资格培训教材。

职业技术·职业资格培训教材严格按照1+X鉴定考核细目进行编写，教材内容充分反映了当前从事职业活动所需要的核心知识与技能，较好地体现了适用性、先进性与前瞻性。聘请编写1+X鉴定考核细目的专家和相关行业的专家参与教材的编审工作，保证了教材内容的科学性及与鉴定考核细目、题库的紧密衔接。

职业技术·职业资格培训教材突出了适应职业技能培训的特色，使读者通过学习与培训，不仅有助于通过鉴定考核，而且能够有针对性地进行系统学习，真正掌握本职业的核心技术与操作技能，从而实现从懂得了什么到会做什么的飞跃。

职业技术·职业资格培训教材立足于国家职业标准，也可为全国其他省市开展新职业、新技术职业培训和鉴定考核，以及高技能人才培养提供借鉴或参考。

新教材的编写是一项探索性工作，由于时间紧迫，不足之处在所难免，欢迎各使用单位及个人对教材提出宝贵意见和建议，以便教材修订时补充更正。

人力资源社会保障部教材办公室
中国就业培训技术指导中心上海分中心
上海市职业技能鉴定中心

目　录

第1章

职 业 道 德

知识要求

第 1 节　职业道德的特点和社会作用

学习目标

通过本节的学习培训，学员能够：

（1）了解职业道德的基本知识。

（2）熟悉职业道德的特点。

（3）掌握职业道德的社会作用。

职业道德是所有从业人员在职业活动中应该遵循的基本行为准则，涵盖了从业人员与服务对象、职业与职工、职业与职业之间的关系。它既是对从业人员在职业活动中的行为要求，又是本行业对社会所承担的道德责任和义务。

一、职业道德的特点

1. 行业性

行业性是指职业道德区别于一般道德的显著特点。职业道德只适用于特定的职业活动领域，带有各自不同的个性特征，鲜明地体现着社会对某种具体职业活动的特殊要求。它往往只约束该行业和职业的从业人员，以及他们在职业活动中所发生的行为。

2. 广泛性

广泛性是指职业道德针对所有不同职业的从业人员。职业道德是职业活动的直接产物，只要有职业活动就体现一定的职业道德。职业道德渗透于职业活动的方方面面，比一般道德更直接、更全面地反映一个社会的道德水准和道德风貌。

3. 实用性

实用性是指职业道德要与职业岗位特征相适应。职业道德是根据职业活动的具体要求，对人们在职业活动中的行为以条例、章程、守则、制度、公约等简明的形式做出规定，这些规定具有很强的针对性和可操作性，易于从业人员理解和遵照执行。

4. 时代性

时代性是职业道德的又一个鲜明特点，职业道德随着时代的变化而变化。一方面，职业道德在一定程度上贯穿和体现着当前时代社会道德的普遍要求；另一方面，新行业的职业道德规范也将随着经济和科技的进步应运而生。

二、职业道德的社会作用

职业道德是社会道德体系的重要组成部分。一方面，它具有社会道德的一般作用；另一方面，它又具有自身的特殊作用。

职业道德的社会作用具体表现在：

1. 有助于调节职业交往中人与人之间的关系

职业道德基本职能是调节职能。一方面，它可以调节从业人员内部的关系，即运用职业道德规范约束职业内部人员行为，促进职业内部人员的团结与合作。例如，职业道德规范要求各行各业的从业人员都要团结、互助、爱岗、敬业，都要齐心协力为发展本行业、本职业和岗位服务。另一方面，它又可以调节从业人员和服务对象之间的关系。

2. 有助于维护和提高本行业的信誉

信誉是一个行业或者企业的社会形象，体现了企业及其产品与服务在社会公众中的受信任程度。提高企业的信誉主要靠产品质量和服务质量，而从业人员职业道德水平是产品质量和服务质量的有效保证。若从业人员职业道德水平不高，很难生产出优质的产品和提供优质的服务。

3. 有助于维护和促进本行业发展

行业、企业的发展有赖于较高的经济效益，而较高的经济效益源于较高的员工素质。员工素质主要包含知识、能力、责任心等方面，其中责任心是最重要的因素。职业道德水平高的从业人员，其责任心也是极强的。因此，职业道德可以促进本行业、企业的良性发展。

4. 有助于提高全社会的道德水平

职业道德是整个社会道德组成内容之一。一方面，职业道德涉及每个从业人员如何对待职业、对待工作，也就是说每个从业人员的生活态度、价值观念体现出他的职业道德水平。职业道德是一个人的道德意识、道德行为发展的成熟阶段，具有较强的稳定性和连续性。另一方面，职业道德也是一个职业集体，甚至一个行业全体人员的行为表现。如果每个职业集体都具备优良的职业道德，那么对整个社会道德水平的提高肯定会发挥重要作用。

第 2 节　员工职业道德规范

学习目标

通过本节的学习培训，学员能够：

(1) 了解职业道德基本规范。

(2) 熟悉遵守国家法律法规在工作中的重要性。

(3) 掌握爱岗敬业的重要性。

职业道德规范是指人们在职业生活中应遵循的基本道德规范，即一般社会道德在职业生活中的具体体现。它是职业品德、职业纪律、专业胜任能力、职业责任等的总称。

职业道德规范属于自律范围，通过公约、守则等对职业生活中的某些方面加以规范，重点突出一个“诚”字。

一、职业道德基本规范

1. 遵守国家法律法规

遵守国家法律法规是每一个公民都必须做到的。我国是社会主义法治国家，任何公民都必须履行法律赋予的权利和义务，自觉维护法律尊严，法律面前人人平等。

2. 在岗爱岗、敬业乐业

爱岗、敬业是对人们工作态度的一种普遍要求。在任何部门、任何岗位工作的公民，都应该爱岗、敬业。从这个意义上说，爱岗、敬业是社会公德中最普遍、最重要的要求之一。

爱岗就是热爱自己的本职工作，能够为做好本职工作尽心尽力，只有热爱本职工作的人，才可能对自己的职业有一种荣誉感和自豪感；敬业就是要用一种恭敬严肃的态度来对待自己的职业，即对自己的工作要专心、认真、负责任。爱岗与敬业是相辅相成、相互支持的。

3. 诚实守信、平等竞争

诚实守信是指从业人员应具有如说实话、办实事、不说谎、不欺诈、守信用、表里如一、言行一致等的优良品质。诚实守信要做到既有高质量的产品，又有高质量的服务，还要严格遵纪守法。只有这样才能取信于服务对象，从而获得良好的社会效益和经济效益。

平等竞争是指一切竞争都是在平等的基础上实现的。“平等”是“竞争”的基础，平等有助于每个人发挥价值和合理地行使个人权利。

4. 办事公道、廉洁自律

办事公道就是在办事情、处理问题时要站在公正的立场上，要公平合理、不偏不倚，不论对谁都是按照一个标准办事。

廉洁，即不受不贪；自律，即自我约束、自我调控。廉洁自律，就是按照廉洁的要求自觉规范自己的行为。

5. 顾全大局、团结协作

顾全大局是指从业者要树立集体主义观念。

团结协作是指从业人员之间及单位之间，要相互支持、相互帮助。团结协作是处理单位内部、单位与单位之间关系的准则。

6. 注重效益、奉献社会

注重效益，是指从业人员要以较少的消耗取得较大的经济和社会效益。

奉献社会是当一个人的个人利益与集体利益和国家利益发生矛盾时，毫不犹豫地牺牲个人利益，服从集体利益和国家利益。

二、加强职业道德修养

加强职业道德修养，进行职业道德培训，需要制度落实、权力监管。

1. 提高自我修养

树立自觉、自主地进行自我职业道德修养提升的意识。在职业道德修养提升上，自觉是非常重要的。人一旦有了自觉性，才能在道德活动中处处留心，时时提醒自己、严格要求自己，完善自己的职业道德品质。

2. 理论与社会实践相结合

学习职业道德理论与参加社会实践活动相结合，是提高职业道德修养的重要途径之一。

人的道德品质不是与生俱来的，是在长期的社会实践中逐步形成和发展的，社会实践活动是人们养成道德品质的源泉。只有在学习职业道德理论的基础上，不断融入社会，把自己的学习和社会实践活动联系起来，才能更深刻地认识自身的价值所在，正确审视自己的不足之处，并在社会实践活动中锻炼自己、陶冶自己、完善自己，最终完成自身职业道德品质的提高。

3. 向榜样学习

向新时期涌现的职业模范人物和身边的榜样学习。学习他们的长处，克服自己的缺点，把职业道德境界提高到一个新的高度。

新时期，社会主义精神文明建设呈现出积极、健康、向上的良好态势，社会职业道德风尚也发生了可喜的变化，涌现了一批劳动楷模，为我们进行社会主义职业道德修养建设树立了榜样。

4. 自觉地进行内省和慎独

“内省”就是内心反省检讨，去除私心杂念，使自己的言行合乎道德标准的要求，树立正确的道德观念。一个人只有在内心深处严于剖析自己，在行为上善于反省自己，才能成为一个符合时代精神的、有高尚职业道德的人。

“慎独”就是指在无人监督的情况下独立工作时，仍能谨慎地遵守道德原则而不做坏事。它是我国伦理思想史上一个特有的范畴，既是一种道德修养方法，又是在修养中达到的一种崇高境界。

练习与检测

一、判断题

1. 行业性是职业道德区别于一般道德的基本准则。（　　）
2. 职业道德实用性是指职业道德要与职业岗位的特点相适应。（　　）
3. 职业道德是整个社会道德的必然趋势。（　　）
4. 职业道德覆盖面最广，影响力最大，对人的道德素质起决定性作用。（　　）
5. 面对竞争，人们的行为不仅要符合法律，而且要符合职业道德。（　　）
6. 在加强自身道德修养的同时，应该经常“内省”，善于认识自己。（　　）

二、单项选择题

1. 职业道德行业性鲜明地体现着社会对某种具体职业活动的（　　）。

A. 需求　　B. 渴望　　C. 特殊要求　　D. 期待

2. 职业道德是根据职业活动的具体要求对人们在职业活动中的行为所做出的规定，具有很强的针对性和（　　）。

A. 可操作性　　B. 实用性　　C. 通用性　　D. 对比性

3. 职业道德可以调节的关系是从业人员之间的关系，以及从业人员和（　　）之间的关系。

A. 产品　　B. 企业　　C. 行业　　D. 服务对象

4. 职业道德不仅是从业人员在职业活动中的行为标准和要求，而且是本行业对社会所承担的（　　）和义务。

A. 道德责任　　B. 道德习惯　　C. 道德主体　　D. 道德品行

5. 从业人员的道德品质最终要体现在（　　）上。

A. 职业道德　　B. 奉献社会　　C. 其劳动成果　　D. 为人着想

6. 学习职业道德理论，要学习职业道德修养的主动性和（　　）。

A. 自觉性　　B. 能动性　　C. 具体内容　　D. 积极性

三、简答题

1. 简述职业道德的社会作用。

2. 职业道德的基本规范有哪些？

3. 结合自身的学习和社会实践活动，谈一谈如何加强自身的职业道德修养？

练习与检测答案

一、判断题

1. ×　2. √　3. ×　4. √　5. √　6. √

二、单项选择题

1. C　2. A　3. D　4. A　5. C　6. A

三、简答题

略

2

第 2 章

汽 车 构 造

知识要求

第 1 节　世界汽车发展简史和中国汽车发展概况

学习目标

通过本节的学习培训，学员能够：

（1）了解世界汽车发展简史。

（2）熟悉世界汽车发展的过程。

（3）掌握中国汽车发展概况。

一、世界汽车发展简史

1. 内燃机的诞生

（1）煤气发动机。1858 年，法国人里诺发明了煤气发动机（单缸、二冲程、无压缩和电点火的煤气发动机，输出功率为 0. 74～1. 47 kW、转速为 100 r/min、热效率为 4%），并于 1860 年申请专利。

里诺的煤气发动机以煤气和空气的混合燃烧取代了往复式蒸汽机的蒸汽，用电池和感应线圈产生电火花。这种发动机有气缸、活塞、连杆、飞轮等，已经初步具备了现代发动机的基本雏形，是内燃机的初级产品，为现代汽车发动机的出现打下了基础。

（2）四冲程发动机。1862 年，法国工程师德罗夏提出了著名的等容燃烧四冲程循环——进气、压缩、燃烧和膨胀、排气。等容燃烧四冲程原理如图 2—1 所示。1876 年，德国人奥托制成了第一台四冲程往复活塞式内燃机。

（3）汽油发动机。1886 年，德国人在里诺卧式气压煤气发动机及四冲程理论的基础上制造出第一台汽油发动机，使汽车正式进入汽油动力时代。第一台汽油发动机如图 2—2 所示。

（4）柴油发动机。柴油发动机是靠燃烧柴油来获取能量的发动机，它是由德国发明家鲁道夫·狄塞尔发明的。柴油发动机如图 2—3 所示。

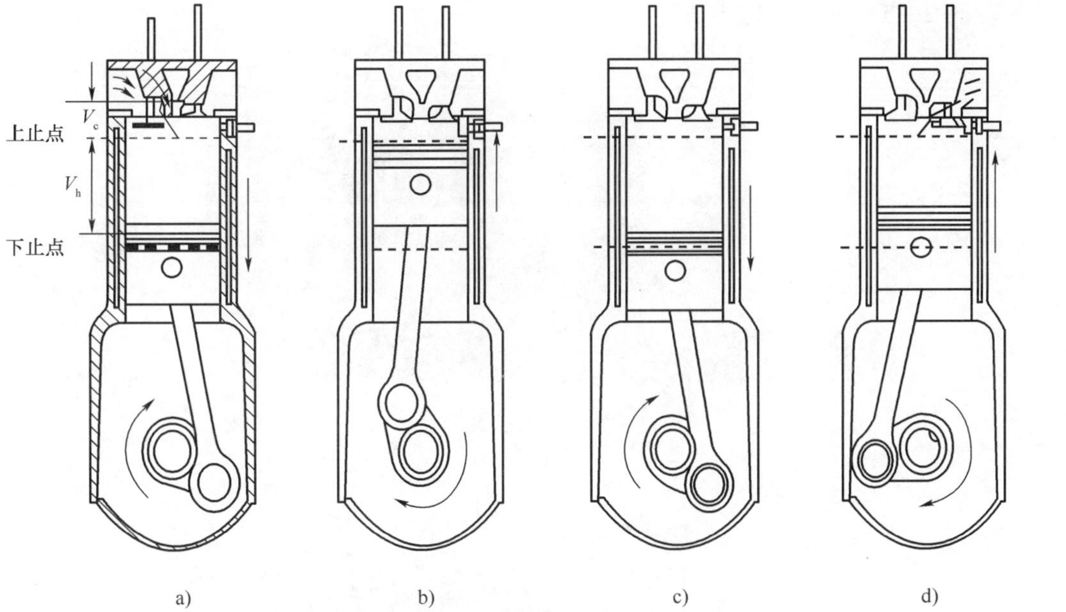

图 2—1　等容燃烧四冲程原理

a）进气行程　b）压缩行程　c）膨胀行程　d）排气行程

图 2—2　第一台汽油发动机

2. 汽车的诞生

（1）第一辆蒸汽驱动汽车。1769 年，法国人屈尼奥制造了世界上第一辆蒸汽驱动三轮汽车。第一辆蒸汽驱动三轮汽车如图 2—4 所示。

（2）第一辆汽油驱动汽车。世界公认的汽车发明者是德国人卡尔 · 奔驰。他在 1886 年研制出世界上第一辆马车式三轮汽车，并获得世界第一项汽车发明专利，这一天被大多数人称为现代汽车诞生日，卡尔 · 奔驰也被后人誉为“汽车之父”。世界第一台汽油驱动汽车如图 2—5 所示。

图 2—3　柴油发动机

图 2—4　第一辆蒸汽驱动三轮汽车

图 2—5　世界第一台汽油驱动汽车

1887 年，卡尔·奔驰将他的第一辆汽车卖给了一名法国人，这是世界上第一辆现代汽车的销售。同年，卡尔·奔驰成立了奔驰汽车厂，之后卡尔·奔驰将毕生的精力都献给了汽车事业。

（3）近代汽车发展

1）哈利·厄尔时代。1927 年，通用公司哈利·厄尔设计出凯迪拉克 LaSalle，标志哈利·厄尔时代开始。它有圆润的线条、锥形的尾部、修长低矮的轮廓。

1928 年，哈利·厄尔在汽车设计中加入了镀铬装饰，从此以后，他建立的艺术色彩使通用汽车逐渐成为强大的汽车帝国。凯迪拉克如图 2—6 所示。

图 2—6　凯迪拉克

2）流线型与承载式车身。20 世纪 30 年代，流线型几乎就是汽车时尚的代名词。车头变宽将轮胎包入，前照灯陷入车头，挂在车尾的独立式行李箱也与车尾融为一体，这是流线型车身的特点。流线型车身奠定了现代三厢轿车的雏形。

1934 年，克莱斯勒 Airflow 采用了更轻的承载式车身，达到了 54：46 的前后轴质量分配（当时同类产品为 30：70），大大提高了汽车的操控性。克莱斯勒 Airflow 如图 2—7 所示。

图 2—7　克莱斯勒 Airflow

3）国民车。1948 年法国雪铁龙 2CV（见图 2—8）、1948 年英国 Morris Minor（见图 2—9）、1957 年意大利 Fiat500、1959 年英国 MINI（见图 2—10）等都是那个时代国民车的经典，也是汽车史上的经典。

图 2—8　法国雪铁龙 2CV

图 2—9　英国 Morris Minor

图 2—10　英国 MINI

4）平面直接和多元化。1974 年是汽车发展史上的一个重要年份。马塞罗・甘迪尼设计的兰博基尼 Countach 和乔治亚罗设计的大众高尔夫诞生了，它们采用的直角造型将流行数十年的曲线美学无情地抛到了一边。兰博基尼 Countach 如图 2—11 所示，大众高尔夫如图 2—12 所示。

5）分裂时代。随着现代经济迅速发展，人们更加追求个性化产品，思想的多元化导致多种风格同时涌现，经典主义就是其中的代表。它又包含两个层次：一层是设计师本身对于过去经典的缅怀与尊敬；另一层是设计师力图在原来的经典车型中赋予自己的色彩，还有的设计师试图使用经典车型为公司开辟一条新的道路。

分裂时代的代表汽车有大众新甲壳虫和克莱斯勒 PT 漫步者等。

图 2—11　兰博基尼 Countach

图 2—12　大众高尔夫

二、中国汽车发展概况

1. 创建阶段（1949—1960 年）

新中国成立之初，中国只有汽车维修业。1953 年，第一汽车制造厂（简称一汽）在长春的奠基兴建，拉开了新中国汽车工业筹建工作的帷幕。

1956 年 7 月 13 日，长春一汽生产的解放牌载货汽车驶下总装配生产线。第一辆国产汽车的诞生，结束了我国不能制造汽车的历史，圆了国人生产汽车的梦想。解放牌载货汽车如图 2—13 所示。

图 2—13　解放牌载货汽车

1958 年 6 月 20 日，井冈山牌轿车在北京市第一汽车附件厂（北汽集团的前身）诞生，当天驶进中南海接受毛泽东等中央领导人的检阅。井冈山牌轿车如图 2—14 所示。

到 20 世纪 60 年代，我国汽车制造工业形成了“一大四小”的 5 个汽车制造厂格局，年生产能力近 6 万辆，共生产 9 个车型品种。

图 2—14　井冈山牌轿车

2. 成长阶段（1961—1980 年）

在这个历史阶段，中国汽车工业以中、重型载货汽车和越野汽车的生产为主，同时发展矿用自卸车。

1963 年，上海的轿车工业重新启动，新下线的轿车拥有一个响亮的名字——上海牌。上海牌汽车如图 2—15 所示。

1964 年，国家确定在三线建设以生产越野汽车为主的第二汽车制造厂（简称二汽），二汽是我国汽车工业第二个生产基地，也是东风汽车公司的前身。二汽开创了我国汽车工业以自己的力量设计产品、确定工艺、制造设备、兴建工厂的新纪录。

1980 年，我国汽车年产量已超过 22 万辆。

图 2—15　上海牌汽车

3. 全面发展第一阶段（1981—1989 年）

在改革开放方针的指引下，中国汽车工业进入全面发展第一阶段。这一阶段的特点主要体现为：老产品（如解放、跃进和黄河车型）升级换代，结束30年一贯制的历史；调整商用车的产品结构，改变“缺重少轻”的生产格局；我国汽车工业出现合资企业，引进国外资金和技术；行业管理体制和企业经营机制逐步发生变化，汽车品种、质量和生产能力大幅提高。

1985年3月，我国改革开放以后第一家轿车合资企业上海大众汽车有限公司（现用名上汽大众汽车有限公司）成立（见图2—16）。上海大众汽车有限公司的诞生，开辟了利用外资、引进技术、加快发展的新道路。

图2—16　上海大众汽车有限公司成立

4. 全面发展第二阶段（1990—1999年）

在计划经济体制向市场经济体制转变的转型期，汽车工业进入全面发展第二阶段。政府通过产业政策对汽车工业进行宏观管理，通过引进技术、合资经营等，使我国汽车工业产品生产水平有了较大提高。

1997年1月8日，奇瑞汽车股份有限公司注册成立。首辆奇瑞轿车下线如图2—17所示。它集汽车整车、动力总成和关键零部件的研发、试制、生产和销售于一体，是第一家乘用车销量突破600万辆的中国乘用车品牌汽车企业。

1992年5月18日，中国东风汽车集团有限公司与法国标致雪铁龙集团各出资50%兴建了神龙汽车有限公司，公司总部位于湖北武汉。1998年7月1日，广州本田汽车有限公司（现用名广汽本田汽车有限公司）成立。

5. 高速增长阶段（1999—2010年）

在此阶段，我国汽车工业已经从原来各自独立的散、乱、差局面发展成以大集团为主的规模化、集约化的产业新格局。汽车工业尤其是轿车工业技术进步的步伐大大加快，新科技步伐加快，新车型层出不穷，整车技术特别是环保指标大幅度提高；电动汽车开发初

图 2—17　首辆奇瑞轿车下线

见端倪；与国外汽车巨头的生产与营销合作步伐明显加快。

1995 年，比亚迪公司成立。2010 年 8 月，吉利集团完成对福特汽车公司旗下沃尔沃轿车公司的全部股权收购，成为我国车企成功收购国外豪华车企的第一宗案例。

6. 回归理性阶段（2011 年至今）

在此阶段，我国汽车市场继续保持着平稳发展的步伐，汽车产销量蝉联世界第一。

自主品牌荣威、长城、长安等的市场份额一路上扬，特斯拉、观致等新晋品牌也得到消费者越来越多的关注。

第 2 节　汽车分类和基本结构

学习目标

通过本节的学习培训，学员能够：

(1) 了解汽车的类型。

(2) 熟悉汽车的总体构造。

一、汽车类型

汽车按照用途可以分为乘用车和商用车。

1. 乘用车

乘用车主要用于载运乘客及其随身行李和（或）临时物品，包含驾驶员座位在内，乘用车最多不超过 9 个座位。

乘用车分为以下 11 种车型，主要有：一般乘用车、活顶乘用车、高级乘用车、小型乘用车、敞篷车、仓背乘用车、旅行车、多用途乘用车、短头乘用车、越野乘用车、专用乘用车。一般乘用车如图 2—18 所示。

图 2—18　一般乘用车

2. 商用车

商用车用于运送人员和货品，并且能够牵引挂车，但不包含乘用车。商用车主要有客车、半挂牵引车、载货汽车等。

二、汽车的总体构造

汽车由发动机、底盘、车身和电气设备组成。

1. 发动机

发动机（engine）是汽车的动力装置，发动机的作用是把其他形式的能转化为机械能。

发动机由两大机构和五大系统组成。两大机构是指曲柄连杆机构和配气机构；五大系统是指燃料供给系、润滑系、冷却系、点火系、启动系等。汽车内燃发动机如图 2—19 所示。

2. 底盘

汽车底盘的作用是支撑、安装汽车发动机及其各部件和总成，接受发动机的动力，使汽车产生运动并保证汽车正常行驶。

底盘由传动系、行驶系、转向系和制动系四部分组成。汽车底盘如图 2—20 所示。

3. 车身

车身安装在底盘的车架上，用来供驾驶员、旅客乘坐或装载货物。轿车、客车的车身一般是整体结构，载货汽车车身一般由驾驶室和货箱两部分组成。

图 2—19　汽车内燃发动机

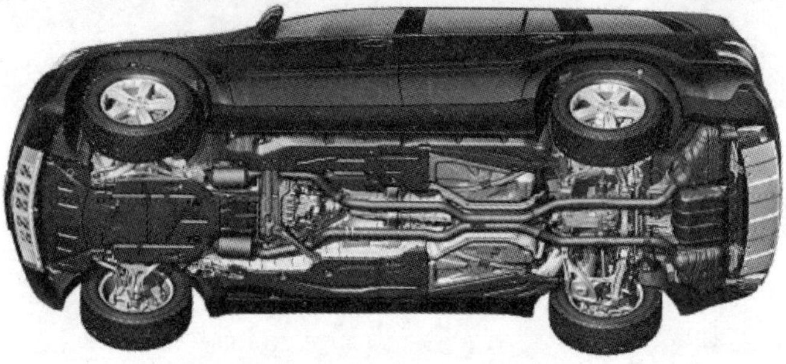

图 2—20　汽车底盘

汽车车身结构主要包括：车身壳体（白车身）、车门、车窗、车前钣制件、车身内外装饰件和车身附件、座椅，以及通风、暖气、冷气、空气调节装置等。在载货汽车和专用汽车上还包括车厢和其他装备。轿车车身结构如图 2—21 所示。

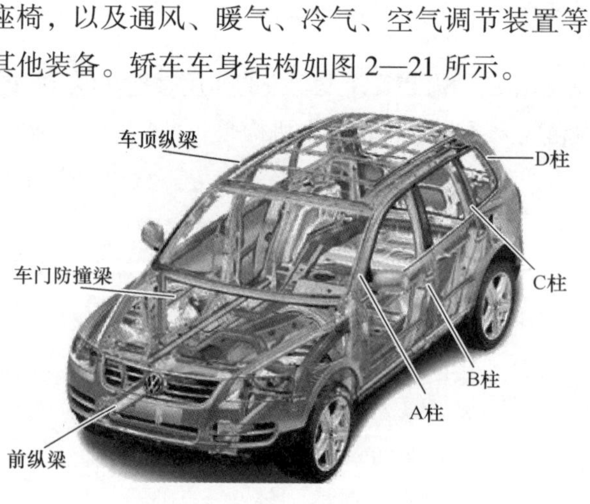

图 2—21　轿车车身结构

4. 电气设备

汽车电气设备主要由蓄电池、发电机、调节器、启动机、火花塞、仪表、照明装置、音响装置、刮水器等组成。部分汽车电气设备如图 2—22 所示。

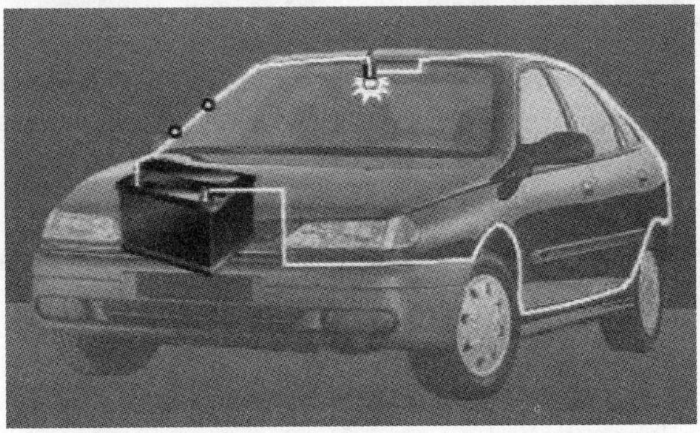

图 2—22　部分汽车电气设备

第 3 节　汽车构造简介

学习目标

通过本节的学习培训，学员能够：

（1）了解汽车燃料和润滑油脂的分类及用途。

（2）熟悉汽车底盘的组成及功能。

（3）掌握汽车发动机的分类及组成。

一、汽车发动机

1. 发动机类型

（1）按照活塞运动方式分类。发动机分为往复活塞式发动机和旋转活塞式发动机。往复活塞式发动机如图 2—23 所示，旋转活塞式发动机如图 2—24 所示。

图 2—23　往复活塞式发动机

图 2—24　旋转活塞式发动机

（2）按照燃料种类分类。发动机分为汽油发动机和柴油发动机。汽油发动机如图 2—25 所示，柴油发动机如图 2—26 所示。

图 2—25　汽油发动机

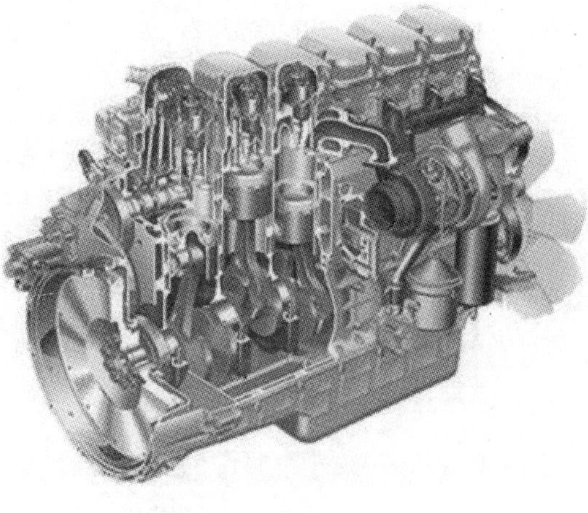
图 2—26　柴油发动机

（3）按照工作循环的行程数分类。发动机分为四行程发动机和二行程发动机。四行程发动机如图 2—27 所示，二行程发动机如图 2—28 所示。

（4）按照冷却方式分类。发动机分为水冷式发动机和风冷式发动机。水冷式发动机如图 2—29 所示，风冷式发动机如图 2—30 所示。

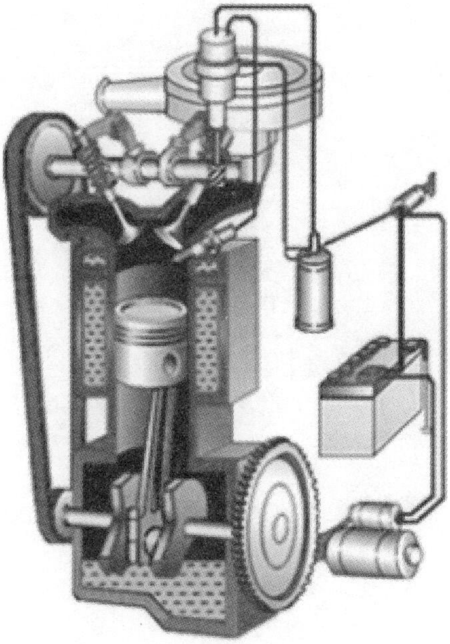

图 2—27　四行程发动机

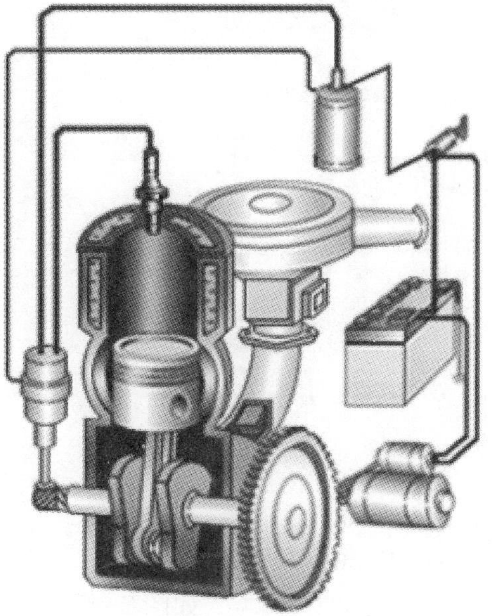

图 2—28　二行程发动机

图 2—29　水冷式发动机

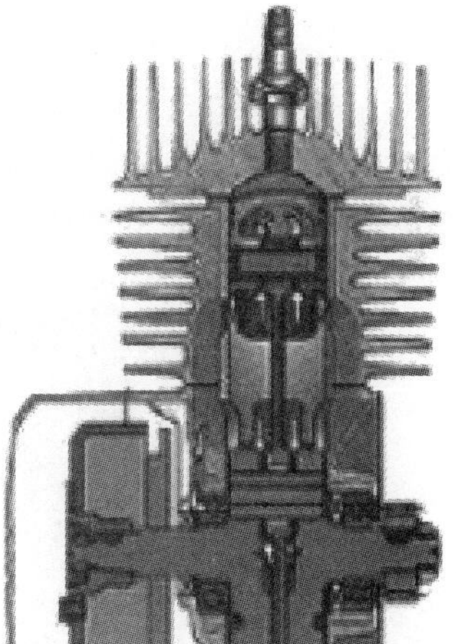

图 2—30　风冷式发动机

（5）按照气缸数分类。发动机分为单缸式发动机和多缸式发动机。单缸式发动机如图 2—31 所示，多缸式发动机如图 2—32 所示。

图 2—31　单缸式发动机

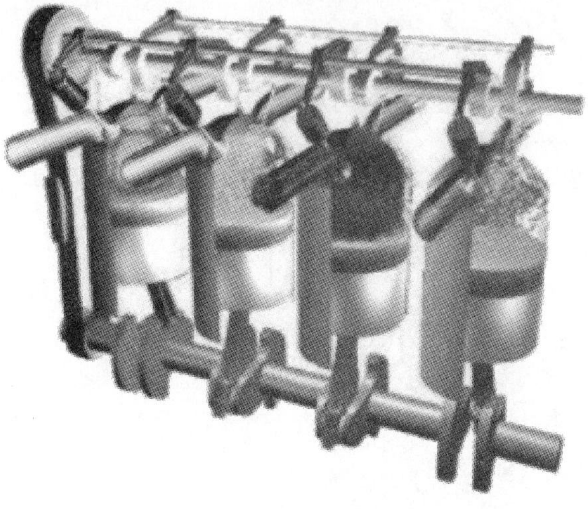

图 2—32　多缸式发动机

（6）按照气缸排列方式分类。发动机分为直列式、V 形、对置式、立式、卧式等。部分发动机气缸的排列方式如图 2—33 所示。

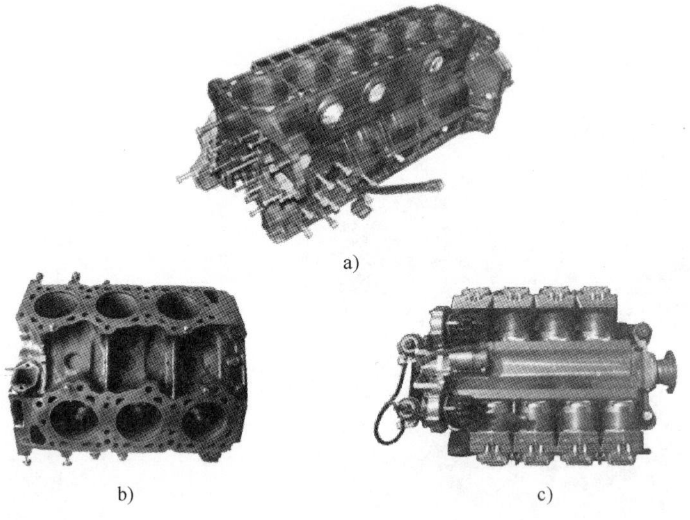

图 2—33　部分发动机气缸的排列方式

a）直列式　b）V 形　c）对置式

（7）按照进气系统方式分类。发动机分为自然吸气式发动机和增压式发动机。发动机按照进气系统方式的分类如图 2—34 所示。

2. 发动机的组成

发动机的作用是完成能量转换，实现工作循环，保证长时间连续正常工作。发动机由

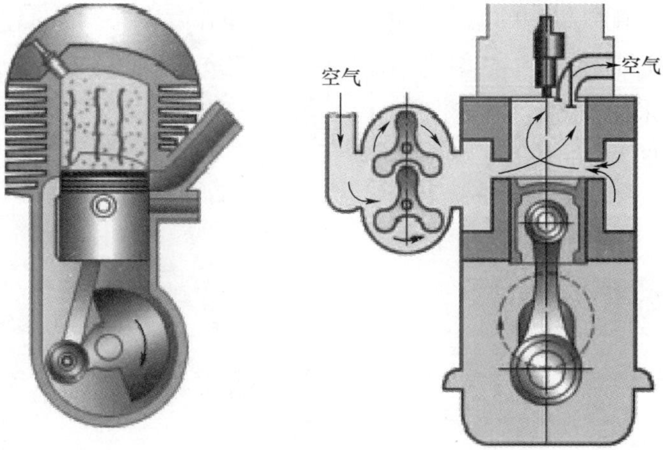

a) b)

图 2—34　发动机按照进气系统方式的分类

a）自然吸气式发动机　b）增压式发动机

以下机构和系统组成。

（1）曲柄连杆机构。曲柄连杆机构是发动机实现工作循环，完成能量转换的主要部分，由机体组、活塞连杆组、曲轴飞轮组等组成。

在做功行程中，活塞承受燃气压力在气缸内做直线运动，通过活塞连杆转换成曲轴的旋转运动，并通过曲轴对外输出转矩。在进气、压缩和排气行程中，飞轮释放能量，又把曲轴的旋转运动转化成活塞的直线运动。曲柄连杆机构如图 2—35 所示。

图 2—35　曲柄连杆机构

（2）配气机构。配气机构的功用是依据发动机的工作顺序和工作过程，定时开启和关闭进气门、排气门，使可燃混合气或空气进入气缸，并使废气从气缸内排出，实现换气过程。

配气机构大多采用顶置气门式配气机构，一般由气门组、气门传动组、气门驱动组等组成。配气机构如图 2—36 所示。

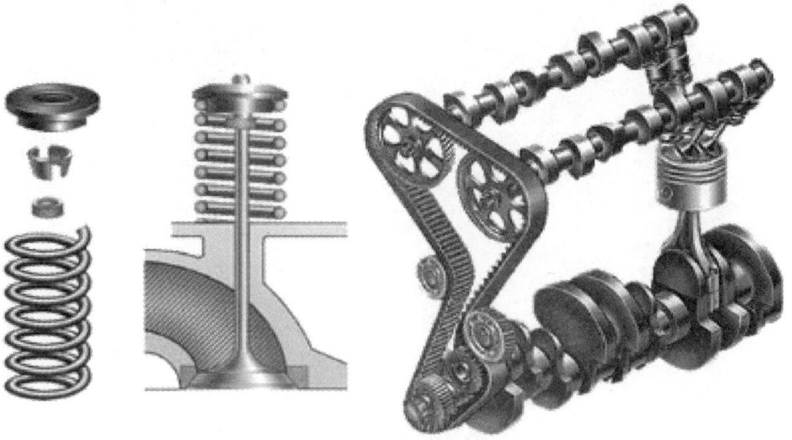

图 2—36　配气机构

（3）燃料供给系。汽油发动机燃料供给系的功用是根据发动机工况配制出一定数量和浓度的混合气。柴油发动机燃料供给系的功用是把柴油和空气分别供入气缸，在燃烧室内形成混合气并燃烧。燃料供给系如图 2—37 所示。

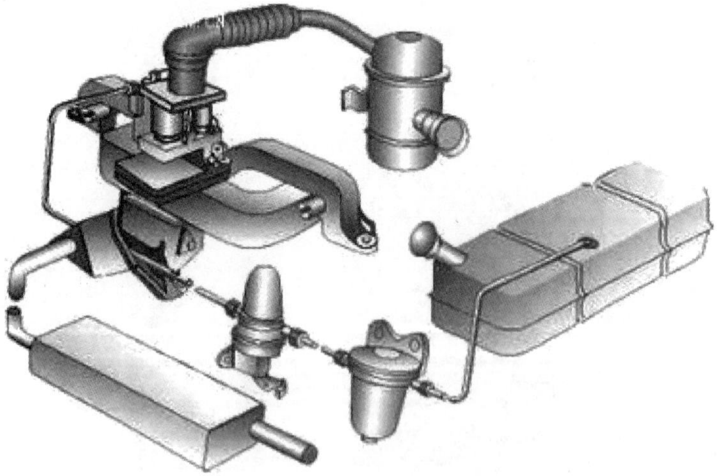

图 2—37　燃料供给系

（4）润滑系。润滑系的功用是向做相对运动的零件表面输送定量的清洁润滑油，以实现减小摩擦阻力、减轻机件的磨损，并对零件表面进行清洗和冷却。

润滑系通常由润滑油道、机油泵、机油滤清器、阀门等组成。润滑系如图2—38所示。

图2—38 润滑系

（5）冷却系。冷却系的功用是将受热零件吸收的部分热量及时散发出去，保证发动机在最适宜的温度状态下工作。

发动机最常用的冷却方式是水冷式。水冷式发动机的冷却系通常由冷却水套、水泵、风扇、水箱、节温器等组成。水冷式冷却系如图2—39所示。

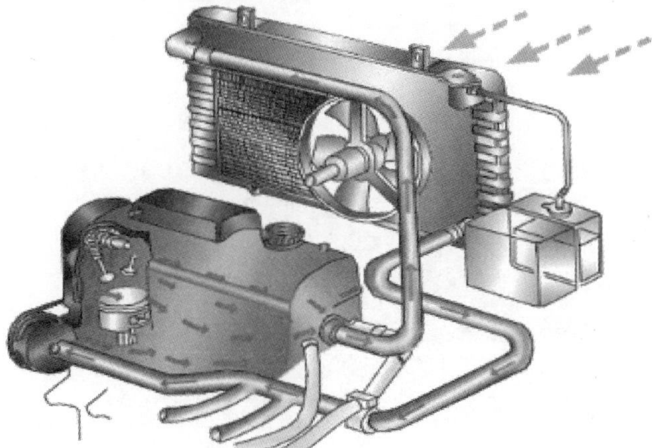

图2—39 水冷式冷却系

（6）点火系。汽油发动机气缸内的可燃混合气是靠电火花点燃的，因此在汽油发动机气缸盖上装有火花塞，火花塞头部伸入燃烧室内。

能够按时在火花塞电极间产生电火花的全部设备称为点火系。点火系通常由蓄电池、发电机、分电器、点火线圈、火花塞等组成。点火系如图 2—40 所示。

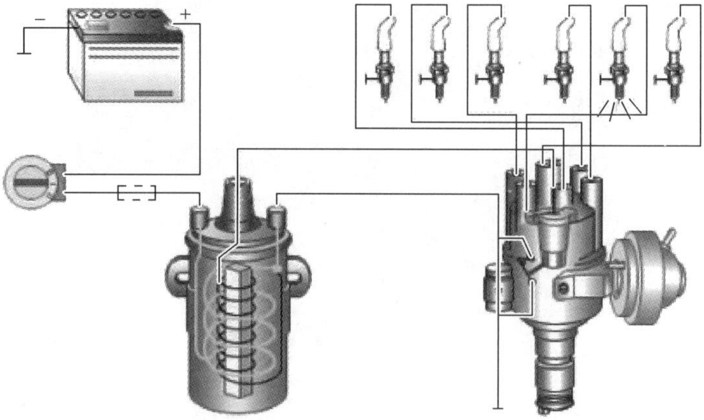

图 2—40　点火系

（7）启动系。要使发动机由静止状态过渡到工作状态，必须先用外力转动发动机的曲轴，使活塞做往复运动，然后气缸内的可燃混合气燃烧膨胀做功，推动活塞向下运动使曲轴旋转，发动机才能自行运转，工作循环才能自动进行。

曲轴在外力作用下开始转动到发动机自动怠速运转的全过程，称为发动机的启动。完成启动过程的装置，称为发动机的启动系。启动系如图 2—41 所示。

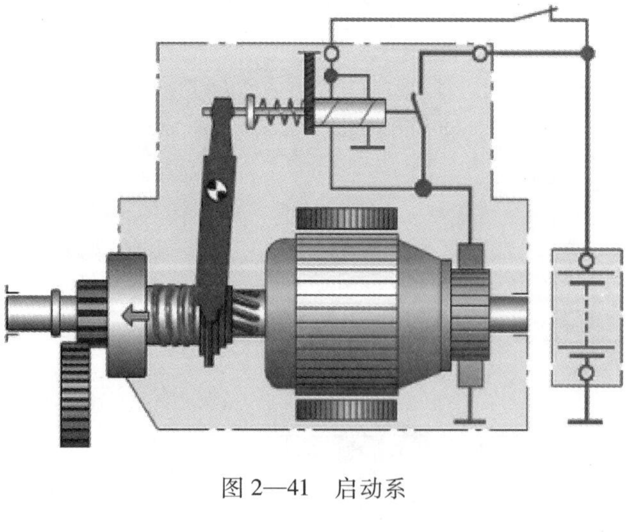

图 2—41　启动系

二、汽车底盘

汽车底盘主要由传动系、行驶系、转向系、制动系等组成。

1. 传动系

传动系是指发动机曲轴飞轮到驱动车轮之间所有动力传递装置的总称。传动系主要由离合器、变速器、传动轴、驱动桥、主减速器、差速器、半轴等组成（见图 2—42）。

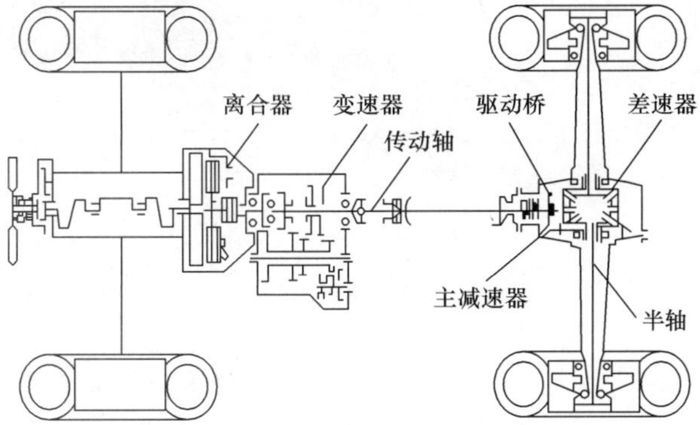

图 2—42　传动系组成

（1）离合器。离合器的作用是保证换挡平顺，必要时中断动力传动。

（2）变速器。变速器的作用是变速、降速增矩、变向、中断动力传动。

（3）主减速器。主减速器将动力传给差速器，并实现降速增矩、改变传动方向的目的。

（4）差速器。差速器将动力传给半轴，并允许左右半轴以不同的转速旋转。

（5）半轴。半轴将差速器的动力传给驱动车轮。

2. 行驶系

行驶系的功用是安装部件、支撑汽车，传递并承受路面作用于车轮的各种反力及其所形成的力矩。

行驶系有缓和冲击、吸收振动、传递和承受发动机与路面传来的各种力和力矩的作用，并通过驱动轮与路面间附着作用产生路面对汽车的牵引力。它与汽车转向系很好地配合，实现汽车行驶方向的正确控制，从而保证汽车行驶平顺性和操作稳定性。

行驶系主要由车架、车桥、悬架、车轮等组成。行驶系组成如图 2—43 所示。

（1）车架。车架是全车装配的基体，它将整车有机地连接为整体并承受汽车的载荷。

（2）车桥。车桥连接左右车轮，承受并传递由车轮传来的载荷。

（3）悬架。悬架将汽车行驶过程中车轮产生的力和力矩传递到车架，并通过弹性元

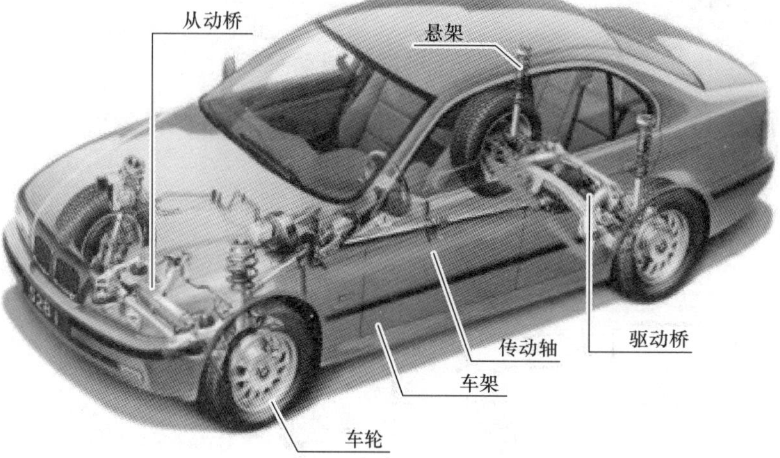

图 2—43　行驶系组成

件、阻尼元件、导向杆衰减汽车的振动，提高车辆操纵的稳定性和平顺性。

（4）车轮。车轮的作用是：支承整车，连接车身与地面；缓冲路面冲击载荷；产生驱动力和制动力；承受汽车转弯时产生的侧向抗力，并回正车轮；提高车辆的通过性。

3. 转向系

转向系的功用是改变和保持汽车的行驶方向。

汽车在行驶过程中经常需要改变行驶方向，驾驶员只要通过汽车转向系使汽车上的车轮相对于汽车纵轴线偏转一定的角度就可以完成。另外，当汽车直线行驶时转向轮往往会受到路面侧向干扰力的作用而自行偏转，改变汽车原来的行驶方向，驾驶员也可以通过汽车的转向系使转向轮向相反的方向偏转，从而保持汽车原来的行驶方向。

常用的汽车转向系是由转向操纵机构、转向器、转向传动机构等部分组成的。

（1）转向操纵机构。转向操纵机构是指驾驶员操纵转向器的工作机构，它主要由转向盘、转向轴、转向管柱等组成。

（2）转向器。转向器是指将转向盘的转动变为转向摇臂的摆动或齿条的直线往复运动，并对转向操纵力进行放大的机构。转向器一般固定在汽车车架或车身上，转向操纵机构通过转向器后一般还会改变力的方向。

（3）转向传动机构。转向传动机构是指将转向器输出的力和运动传给车轮，并使左右车轮按照一定关系进行偏转的机构。

4. 制动系

制动系的功用是使行驶中的汽车按照驾驶员的要求进行强制减速甚至停车；使已停驶

的汽车在各种道路条件下（包括在坡道上）稳定驻车；使下坡行驶的汽车速度保持稳定。

汽车制动系至少设有行车制动和驻车制动两套制动装置，两套制动装置是相互独立的。制动系一般由制动操纵机构和制动器两个主要部分组成。现代汽车行车制动装置还装设了防抱死制动装置，用以提高和改善制动系统的制动性能。

制动系组成如图 2—44 所示。

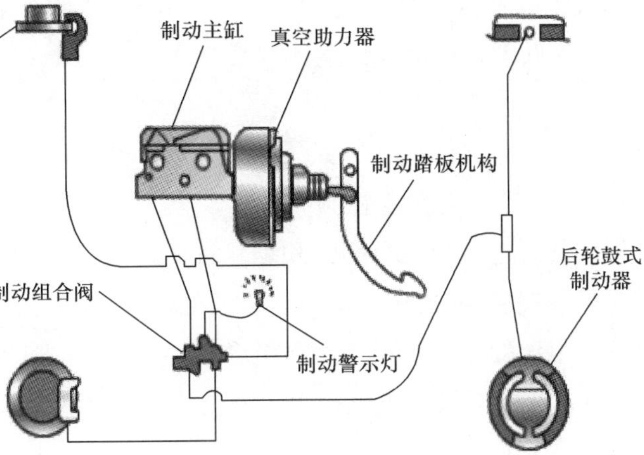

图 2—44　制动系组成

三、汽车电气设备

1. 组成

（1）电源系统。电源系统（见图 2—45）包括蓄电池、发电机、调节器、充电指示装置等，其主要作用是向用电设备提供低压直流电源。

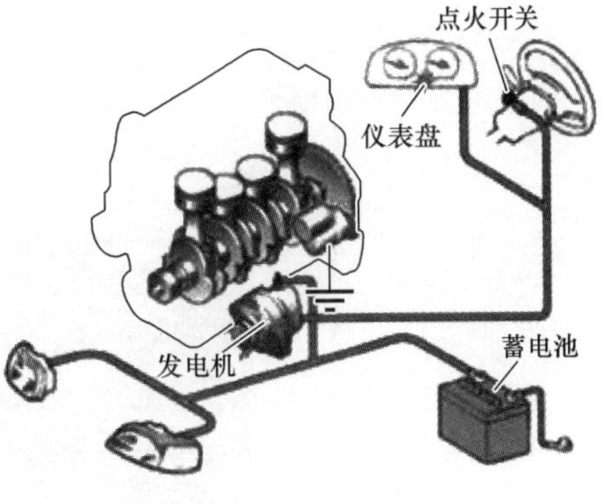

图 2—45　电源系统

（2）启动系。启动系主要由启动机及其启动控制装置等组成，其作用是启动发动机，使发动机从静止状态运转起来。

（3）点火系。点火系用在汽油发动机上，由点火开关、点火线圈、分电器、火花塞等组成。点火系工作时在气缸中产生电火花，点燃气缸中的可燃混合气。

（4）照明装置。照明装置包括车内外各种照明灯及其控制装置，其作用是在夜间或隧道行车时提供照明，保证行驶安全。

（5）辅助电气设备。辅助电气设备包括电动车窗、中控门锁、电动后视镜、电动风窗刮水器和洗涤器、汽车空调、电动座椅等。

（6）其他电气控制系统。其他电气控制系统包括电控燃油供给系统、自动变速器、自动空调、电子或计算机控制的点火系统等。

2. 特点

（1）采用低压直流电源，单线制，负极搭铁。汽车上有两个电源。蓄电池及发电机产生的电流经整流后均为低压直流电源，电压一般是 12 V 或 24 V。汽车电气设备均采用负极搭铁的方式。

（2）各用电设备采用并联的接线方式。汽车上用电设备较多，采用并联电路的连接方式能确保各电气设备的电路相对独立控制。

（3）汽车电气设备的连接导线有颜色和编号特征。

3. 主要电气设备及装置简介

（1）蓄电池。蓄电池的作用是：当发动机启动时，向启动机和点火系供电；当启动机不工作或电压较低时，向用电设备供电；当用电设备同时接入较多发电机超载时，协助发电机供电；当蓄电池存电不足而发电机负载又较少时，可将发电机的电能转变为化学能储存起来。

目前，在汽车上使用最广泛的是铅酸蓄电池（见图 2—46）。它与发动机并联，向用电设备供电。

铅酸蓄电池主要由管式正极板、负极板、电解液、隔板、电池槽、电池盖、极柱、注液盖等组成。

图 2—46　铅酸蓄电池

（2）发电机。发电机是汽车电气系统的主要电源。在正常工作时，它对除启动机以外的所有用电设备供电，并向蓄电池充电，以补充蓄电池在使用中所消耗的电能。

汽车用发电机有直流发电机、交流发电机等。直流发电机是利用机械换向器整流；交流发电机是利用二极管整流，又称硅整流发电机。

（3）仪表系统。仪表的作用是显示发动机和汽车行驶中有关装置的工作状况，帮助驾驶员随时掌握汽车主要部分的工作情况，及时发现和排除可能出现的故障和不安全因素，以保证汽车处于良好的行驶状态。

仪表系统常用的仪表有电流表、充电指示灯、电压表、机油压力表、温度表、燃油表、车速及里程表、发动机转速表等。

四、汽车燃料与润滑油脂

1. 汽油发动机燃料

车用汽油是由石油经过直馏馏分和二次加工馏分调合精制，并加入必要添加剂而制成的。

汽油沸点范围为 30~205℃。优质的汽油应在任何工作条件下都能形成均匀的混合气，在任何负荷下都能正常燃烧，燃烧过程中不会生成积炭和结胶。抗爆性是汽油主要性能指标之一。

2. 柴油发动机燃料

柴油发动机燃料是由原油经过蒸馏、催化裂化、热裂化、加氢裂化、石油焦化等过程产生的柴油馏分调配而成的，也可由页岩油加工和煤液化制取。

柴油是轻质石油产品，属于复杂烃类（碳原子数 10~22）混合物。柴油分为轻柴油（沸点范围 180~370℃）和重柴油（沸点范围 350~410℃）两大类。柴油广泛用于大型车辆、铁路机车、船舰。

3. 润滑油

润滑油是用在各种类型汽车、机械设备上以减少摩擦，保护机械及加工件的液体或半固体润滑剂，主要起润滑、辅助冷却、防锈、清洁、密封、缓冲等作用。

润滑油一般由基础油和添加剂两部分组成。基础油是润滑油的主要成分，决定着润滑油的基本性质；添加剂则可弥补和改善基础油性能方面的不足，赋予润滑油某些新的性能，是润滑油的重要组成部分。

润滑油的基础油主要分为矿物基础油、合成基础油及生物基础油三大类。

4. 润滑脂

润滑脂大多是半固体状的物质，具有独特的流动性。润滑脂的工作原理是：稠化剂将油保持在需要润滑的位置上；当有负载时，稠化剂将油释放出来，从而起到润滑作用。润滑脂主要起润滑、保护、密封等作用。

绝大多数润滑脂用于润滑，称为减摩润滑脂。还有一些润滑脂主要用于防止金属生锈或腐蚀，称为保护润滑脂。

技能要求

发动机结构认知

一、器材准备

1. 实训整车 1 辆。
2. 半剖汽油发动机 1 台。半剖汽油发动机如图 2—47 所示。
3. 发动机拆装工具 1 套。
4. 工具车和零件车各 1 辆。

图 2—47　半剖汽油发动机

二、操作要求

1. 观察发动机两大机构基本组成和功用，完成相关表格填写。
2. 结合整车，认识发动机五大系统的基本组成，完成相关内容填写。

三、操作准备

1. 拆卸发动机正时机构、缸盖和气缸垫等。
2. 打开整车引擎盖。

四、操作步骤

1. 观察发动机两大机构基本组成

在已拆卸正时机构和缸盖的发动机或者半剖汽油发动机上，认识发动机两大机构的基本组成，并填写下表。

表 2—1　　发动机机构组成表

序号	机构名称	部件名称
1	曲柄连杆机构	
2	配气机构	

2. 认识发动机五大系统基本组成

打开车辆引擎盖观察实物，结合水冷式冷却系（见图 2—48），完成以下任务。

（1）写出发动机空气流动的路线。

1）发动机在进气时，空气⟶

2）发动机在排气时，废气⟶

（2）写出典型冷却系的零部件名称，分析冷却系大循环的路线。

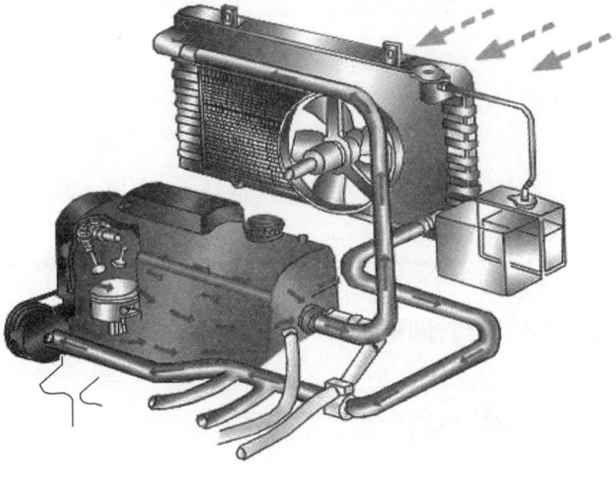

图 2—48　水冷式冷却系

1）冷却系的零部件组成。

A.

B.

C.

D.

2）水冷式冷却系大循环的路线。

散流器——→

五、注意事项

1. 按规定做好个人安全防护。
2. 注意设备场地安全。
3. 做好 5S（整理、整顿、清扫、清洁、素养）管理。

练习与检测

一、判断题

1. 汽车一般由发动机、底盘、车身和电气设备 4 个主要部分组成。（　　）

2. 在发动机的分类中，单缸发动机和多缸发动机是按照气缸排列形式不同分类的。（　　）

3. 曲柄连杆机构是发动机借以产生并传递动力的机构，通过它把燃料燃烧后放出的热能转变为机械能。（　　）

4. 冷却系的任务就是使工作中的发动机得到适度的冷却，从而确保发动机在最适宜的温度范围内工作。（　　）

5. 发动机由曲柄连杆机构、配气机构、燃料供给系、润滑系、冷却系构成。（　　）

6. 发动机上使用的润滑剂只有润滑油。（　　）

二、单项选择题

1.（　　）年，第一辆解放牌载货汽车正式投产。

A. 1926　　B. 1936　　C. 1946　　D. 1956

2. 汽车发动机按工作冲程可分为（　　）两种。

A. 二冲程和三冲程　　B. 三冲程和四冲程

C. 二冲程和四冲程　　D. 四冲程和六冲程

3. 柴油发动机则属于（　　）点火发动机。

A. 压燃　　B. 自燃　　C. 火花　　D. 预热

4. 汽车上的电气设备采用（　　）。

A. 单线制　　B. 双线制　　C. 三线制　　D. 四线制

5. 汽油发动机使用的燃油是（　　）。

A. 汽油　　B. 柴油　　C. 机油　　D. 溶剂油

6. 润滑脂俗称黄油，常温下介于液体和固体之间，呈（　　）。

A. 流动性　　B. 半流动性　　C. 混合性　　D. 半混合性

三、简答题

1. 简述汽车总体结构及功用。
2. 简述汽车发动机的组成及功用。
3. 简述汽车底盘的组成及功用。

练习与检测答案

一、判断题

1. √　　2. ×　　3. √　　4. √　　5. ×　　6. ×

二、单项选择题

1. D　　2. C　　3. A　　4. A　　5. A　　6. B

三、简答题

略

3

第 3 章

化学基础知识

知识要求

第 1 节　物质的变化

学习目标

通过本节的学习培训，学员能够：

（1）了解物理和化学变化基础知识。

（2）熟悉物质组成、结构、性质和变化。

（3）掌握化学元素及其符号。

物质的变化与人类的生产生活联系紧密。人类所有的生产活动和生活都利用了物质的变化。化学是研究物质组成、结构、性质和变化的基础科学。

一、物理变化和化学变化

物理变化是物质运动的一种形式。物理变化只是物质在外形和状态方面发生了变化，没有生成新的物质。

一切物质都处于不停的运动状态。例如，在标准大气压下，水在常温时是液态的，在100℃以上变成气态，在0℃以下变成固态即冰。虽然水在不同温度下状态不同，但无论哪种状态都是水分子。再如，汽油一般状态下是液态，但汽油易挥发成气态。无论是液态还是气态的汽油，其分子结构都没有改变。

化学变化是物质另外一种运动形式。化学变化是有新物质生成的变化，如碳完全燃烧变成二氧化碳、铁在潮湿的空气中生成铁锈等。很明显，这些物质在变化过程中都有新的物质产生。

化学变化过程中常常有物理变化发生，而在物理变化过程中则不一定有化学变化发生。

二、物理性质和化学性质

1. 物理性质

物理性质是指物质没有发生化学反应就表现出来的性质。

物理性质包括颜色、气味、状态、挥发性、熔点、沸点、硬度、导电性、导热性、延展性等。物质的物理性质有的可以利用仪器测知，有的需要通过实验室获得数据计算得知，如溶解性、密度等。

2. 化学性质

化学性质是指物质在化学变化过程中表现出来的性质。

化学性质是所属物质类别的化学通性，一般有酸性、碱性、氧化性、还原性、热稳定性等。例如，木材可以燃烧，具有可燃性；高锰酸钾容易氧化其他物质，可使其他物质变色，具有氧化性等。

化学性质与化学变化是两个不同的概念。性质是物质的属性，是变化的内因，性质决定变化；而变化是性质的具体表现，在化学变化中才能显出化学性质来。

三、分子、原子和离子

科学研究发现物质是由许许多多微粒组成的，这些微粒处在不断运动的状态中。这些微粒有分子、原子、离子等。

1. 分子

当打开溶剂型涂料罐子时，能闻到有机溶剂的气味，这是由于有机溶剂微粒挥发到空气中的缘故。有机溶剂由非常多的这种微粒组成，我们称之为分子。

分子是构成物质的一种微粒。分子非常小，一滴水由亿万个水分子组成；分子是不断运动的，有机溶剂挥发就是分子运动的例子；分子间有一定的间隔，物质的热胀冷缩就是分子间隔变化造成的，物质的三态变化也是分子间隔变化造成的。

物质发生物理变化时，物质分子本身没有变化。例如，水的三态变化、蜡烛受热变软熔化等现象，物质的分子结构没有发生变化，只是分子间隔发生变化。

物质发生化学变化时，物质的分子结构会发生变化。例如，碳燃烧后变成二氧化碳、铁生锈后变成三氧化二铁及其水合物等，在这些现象中，原有物质的分子都变成了新物质的分子，分子的性质也就不同了。

2. 原子

实验证明：分子通过化学变化可以变成新的分子，如氧化汞受热分解为更小的汞和氧微粒，这些更小的微粒重新组合形成金属汞分子和氧分子，即生成金属汞和氧气。这种更小的微粒是通过化学方法不能再分的，我们称这种微粒为原子。

原子和分子一样，是不断运动的。实验证明：原子是由居于中心带正电荷的原子核和外围带负电荷的电子组成的，而原子核是由带正电荷的微粒——质子和不带电荷的微粒——中子构成的。每种原子的质子数和电子数都是一定的，如碳原子有 12 个质子及 12 个电子。我们将原子中的质子数称为核电荷数。

3. 离子

离子是指原子由于自身或外界的作用而失去或得到电子，使其达到最外层电子数为 8 个或 2 个的稳定结构。产生离子的过程称为电离。

电离过程所吸收或释放的能量称为电离能。与分子、原子一样，离子也是构成物质的基本粒子。

四、元素和元素符号

1. 元素

元素又称化学元素，是指自然界中一百多种基本的金属和非金属物质，它们只由一种原子组成，其原子中的每一核子具有同样数量的质子，用一般的化学方法不能使之分解。

1923 年，国际原子量委员会做出决定：化学元素是根据原子核电荷的多少对原子进行分类的一种方法。化学中将具有相同核电荷数（即质子数）的同一类原子总称为元素，如氢元素是氢原子的总称、碳元素是碳原子的总称等。

2. 元素符号

元素符号是用来标记元素的特有符号。它还可以表示这种元素的 1 个原子，大多数固态单质也常用元素符号表示。例如，“C”表示碳元素，“H”表示氢元素，“Fe”表示铁元素等。

国际相对原子质量见表 3—1。

表 3—1　　国际相对原子质量表

元素		相对原子质量	元素		相对原子质量	元素		相对原子质量
符号	名称		符号	名称		符号	名称	
Ac	锕	227.03	Be	铍	9.012 182（3）	Cm	锔	247.07
Ag	银	107.868 2（2）	Bi	铋	208.980 38（2）	Co	钴	58.933 200（9）
Al	铝	26.981 538（2）	Bk	锫	247.07	Cr	铬	51.996 1（6）
Am	镅	243.06	Br	溴	79.904（1）	Cs	铯	132.905 45（2）
Ar	氩	39.948（1）	C	碳	12.010 7（8）	Cu	铜	63.546（3）
As	砷	74.921 60（2）	Ca	钙	40.078（4）	Dy	镝	162.500（1）
At	砹	209.99	Cd	镉	112.411（8）	Er	铒	167.259（3）
Au	金	196.966 55（2）	Ce	铈	140.116（1）	Es	锿	252.08
B	硼	10.811（7）	Cf	锎	251.08	Eu	铕	151.964（1）
Ba	钡	137.327（7）	Cl	氯	35.453（2）	F	氟	18.998 403 2（5）

续表

元素		相对原子质量	元素		相对原子质量	元素		相对原子质量
符号	名称		符号	名称		符号	名称	
Fe	铁	55.845（2）	Na	钠	22.989 770（2）	Sb	锑	121.760（1）
Fm	镄	257.10	Nb	铌	92.906 38（2）	Sc	钪	44.955 910（8）
Fr	钫	223.02	Nd	钕	144.24（3）	Se	硒	78.96（3）
Ga	镓	69.723（1）	Ne	氖	20.179 7（6）	Si	硅	28.085 5（3）
Gd	钆	157.25（3）	Ni	镍	58.693 4（2）	Sm	钐	150.36（3）
Ge	锗	72.64（1）	No	锘	259.10	Sn	锡	118.710（7）
H	氢	1.007 94（7）	Np	镎	237.05	Sr	锶	87.62（1）
He	氦	4.002 602（2）	O	氧	15.999 4（3）	Ta	钽	180.947 9（1）
Hf	铪	178.49（2）	Os	锇	190.23（3）	Tb	铽	158.925 34（3）
Hg	汞	200.59（2）	P	磷	30.973 761（2）	Tc	锝	97.907
Ho	钬	164.930 32（2）	Pa	镤	231.035 88（2）	Te	碲	127.60（3）
I	碘	126.904 47（3）	Pb	铅	207.2（1）	Th	钍	232.038 1（1）
In	铟	114.818（3）	Pd	钯	106.42（1）	Ti	钛	47.867（1）
Ir	铱	192.217（3）	Pm	钷	144.91	Tl	铊	204.383 3（2）
K	钾	39.098 3（1）	Po	钋	208.98	Tm	铥	168.934 21（2）
Kr	氪	83.798（2）	Pr	镨	140.907 65（2）	U	铀	238.028 91（3）
La	镧	138.905 5（2）	Pt	铂	195.078（2）	V	钒	50.941 5
Li	锂	6.941（2）	Pu	钚	244.06	W	钨	183.84（1）
Lr	铹	260.11	Ra	镭	226.03	Xe	氙	131.293（6）
Lu	镥	174.967（1）	Rb	铷	85.467 8（3）	Y	钇	88.905 85（2）
Md	钔	258.10	Re	铼	186.207（1）	Yb	镱	173.04（3）
Mg	镁	24.305 0（6）	Rh	铑	102.905 50（2）	Zn	锌	65.409（4）
Mn	锰	54.938 049（9）	Rn	氡	222.02	Zr	锆	91.224（2）
Mo	钼	95.94（2）	Ru	钌	101.07（2）			
N	氮	14.006 7（2）	S	硫	32.065（5）			

注：摘自《现代汉语词典》（第 7 版）。

五、单质和化合物、纯净物和混合物

物质基本分类关系如图 3—1 所示。

1. 单质和化合物

单质是由同一种元素组成的物质，化合物是由不同种元素组成的物质。

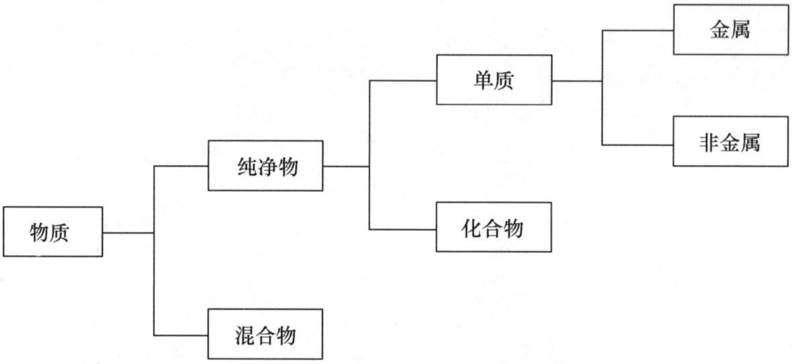

图 3—1　物质基本分类关系

在自然界中，氧气、氮气和金属铜分别由氧元素、氮元素和铜元素组成，它们都是单质；水由氢及氧元素组成，氧化铁由铁及氧元素组成，它们都是化合物。

2. 纯净物和混合物

纯净物是由一种单质或一种化合物组成的物质。纯净物具有固定的化学性质与物理性质。冰水混合物、结晶水合物等也属于纯净物。

混合物是由两种或两种以上物质形成的混合体系。混合物可以用物理方法将所含物质加以分离。混合物没有固定的化学式，也没有固定的组成和性质。组成混合物的各种成分之间没有发生化学反应，保持它们原来的性质。

纯净物与混合物的主要区别是：纯净物是由同种物质组成的，可以用一种化学式来表示；纯净物具有一定的物理性质，如有固定的熔点、沸点等。混合物是由不同种物质混合而成的，它不能用一种化学式来表示；混合物没有固定的物理性质，各物质保持其原有性质，如没有固定的熔点、沸点等。

六、化学式和式量

1. 化学式

化学式是用元素符号表示物质组成的式子。一种分子只有 1 个化学式。它是实验式、分子式、结构式、示性式、电子式的统称。例如，氧气分子 O_2、二氧化碳分子 CO_2、水分子 H_2O、铁分子 Fe 等。

2. 式量

每一种物质的分子都有一定的质量，该分子化学式中各原子相对原子质量的总和称为式量。

例如，氧气的化学式为 O_2，式量为 $16\times2=32$；二氧化碳的化学式为 CO_2，式量为 12+

$16\times2=44$。

化学式的意义见表 3—2。

表 3—2　化学式的意义

化学式的意义	以 CO_2 为例具体说明
表示物质的 1 个分子	CO_2 表示 1 个二氧化碳分子
表示物质组成的元素	CO_2 由碳元素和氧元素组成
表示 1 个分子中各元素的原子个数	1 个 CO_2 分子由 1 个碳原子和 2 个氧原子组成
表示物质分子的式量	CO_2 的式量为 44
表示组成物质的各元素的质量比	CO_2 分子中 $m_C : m_O = 12 : 32$

第 2 节　化合物和化学反应

学习目标

通过本节的学习培训，学员能够：

（1）了解化合物和化学反应的概念。

（2）熟悉核外电子排布、离子化合物和共价化合物、化合价。

（3）掌握和明确质量守恒定律和化学方程式。

一、核外电子排布

原子由原子核和核外电子组成，核外电子在高速运动着，并且呈一定的规律排布。常见原子核核外电子排布规律见表 3—3，其要点如下：

1. 核外电子的运动能量不同。离核近的电子能量低，离核远的电子能量高。

2. 核外电子是分层排布的，排布在同一层的电子运动能量相同。

3. 离核最近为第一层，往外一层是第二层，依次为第三层、第四层……各层按顺序用字母 K、L、M、N、O、P 和 Q 表示。

4. 电子排布时，先排内层，排满后再排外层，即按 K、L、M、N、O、P、Q 的顺序依次排列。

5. 第一层（K 层）最多能容纳 2 个电子，第二层（L 层）最多能容纳 8 个电子，依次按照 $2n^2$ 的算式推算，式中 n 表示电子层数，但最外层电子数目不能超过 8 个。当内层电子数达到 $2n^2$ 个、最外层电子数达到 8 个，即为饱和状态，也就是相对稳定状态。

表 3—3　　常见原子核核外电子排布规律

原子	核外电子数	核外电子排布				原子	核外电子数	核外电子排布			
		K	L	M	N			K	L	M	N
H	1	1				Al	13	2	8	3	
C	6	2	4			Si	14	2	8	4	
O	8	2	6			P	15	2	8	5	
Na	11	2	8	1		Cl	17	2	8	7	
Mg	12	2	8	2		Ca	20	2	8	8	2

二、离子化合物和共价化合物

1. 离子化合物

原子是不带电荷的，这是由于原子核内质子带正电荷，核外电子带负电荷，而且质子数和电子数相同。

当发生化学反应时，原子核外原分层排布的电子失去最外层电子，次外层变为最外层并拥有 8 个电子而达到饱和状态；另一些原子则通过得到电子使最外层电子变为 8 个而达到饱和状态，由此形成稳定的分子。

例如，当 Ca 和 O 发生化学反应时，可用以下反应式表示：

$$Ca - 2e \longrightarrow Ca^{2+}$$

钙原子　2 个电子　　钙离子

$$O + 2e \longrightarrow O^{2-}$$

氧原子　2 个电子　　氧离子

$$Ca^{2+} + O^{2-} \longrightarrow CaO$$

钙离子　氧离子　　　氧化钙

像 Ca^{2+}、O^{2-}这种带电荷的原子（或原子团）称为离子。原子失去电子形成带正电荷的离子是正离子，反之则是负离子。

上述化学反应中，Ca^{2+}和 O^{2-}由于相反电荷的离子相互吸引而形成稳定的化合物 CaO，这种由阳离子和阴离子结合形成的化合物称为离子化合物。一般活泼金属和非金属形成的化合物多为离子化合物，如 NaCl、$MgCl_2$、ZnO 等。

2. 共价化合物

离子结合是形成离子化合物的一种方式。另一种化合物——共价化合物，其形成则和离子化合物的形成完全不同。

以 H_2O 分子的形成为例：H 原子只有 1 个电子和 1 个电子层，得到 1 个电子或失去 1 个电子的能力都不强，形成 H_2O 分子时通过和 O 原子共用最外层电子达到各自的饱和状态，如下所示：

$$\mathrm{H}\cdot + \mathrm{x}\overset{\mathrm{xx}}{\underset{\mathrm{xx}}{\mathrm{O}}}\mathrm{x} + \cdot\mathrm{H} \longrightarrow \mathrm{H}\cdot\mathrm{x}\overset{\mathrm{xx}}{\underset{\mathrm{xx}}{\mathrm{O}}}\mathrm{x}\cdot\mathrm{H}$$

H 原子　O 原子　H 原子　　　水分子

上式中的“·”和“x”分别表示 H 原子和 O 原子的最外层电子。当 O 原子用 2 个电子分别与 2 个 H 原子的各 1 个电子共用时，每个 H 原子 K 层有 2 个电子而 O 原子的 L 层有 8 个电子，使 H 原子和 O 原子的最外层电子达到饱和状态，从而形成稳定的化合物。

各自用 1 个电子形成的共用电子称为共用电子对。在 H_2O 分子中，每个 H 原子有 1 个共用电子对，而 O 原子则有 2 个共用电子对。这种原子间通过共用电子对而形成的化合物称为共价化合物。共价化合物中共用电子的作用力称为共价键。一般非金属间形成的化合物多为共价化合物。

三、化合价

化合价是某种元素的 1 个原子与其他元素的原子构成的化学键的数量。在 NaCl 和 HCl 分子中，原子的数目比为 1∶1；在 H_2O 和 $MgCl_2$ 分子中，原子的数目比为 1∶2。分子中各种原子的数目比是一定的，不会随意变化。

在离子化合物中，得失电子的数目即为该元素化合价，得电子的为负价，失电子的为正价。例如，在 CaO 分子中，Ca 原子失去 2 个电子，呈+2 价；O 原子得到 2 个电子，呈−2 价。

每种元素的化合价不是一成不变的，同种元素在不同的化合物中的化合价可能不同。一般来说，金属和非金属形成的化合物中，金属元素呈正价，而非金属元素呈负价。单质不是化合物，因此其元素的化合价为零。

常见元素的化合价见表 3—4。

表 3—4　　常见元素的化合价

元素名称	元素符号	常见的化合价	元素名称	元素符号	常见的化合价
氢	H	+1	镁	Mg	+2
氧	O	−2	钡	Ba	+2
氮	N	−3、+2、+4、+5	铝	Al	+3
氯	Cl	−1、+1、+5、+7	锌	Zn	+2
碳	C	−4、+2、+4	铁	Fe	+2、+3
硅	Si	+4	铅	Pb	+2、+4
硫	S	−2、+4、+6	锡	Sn	+2、+4
磷	P	−3、+3、+5	铜	Cu	+1、+2
钾	K	+1	汞	Hg	+1、+2
钠	Na	+1	铬	Cr	+3、+6
钙	Ca	+2	锰	Mn	+2、+4、+6

四、质量守恒定律和化学方程式

1. 质量守恒定律

在化学反应前后，所有参加反应的物质的质量总和等于所有生成的新物质的质量总和，这个规律称为质量守恒定律。

因为化学反应的过程是分子间各种原子重新组合的过程，所以原子在化学反应的前后种类、数目、质量没有变化。

2. 化学方程式

常用化学式来表示物质间的化学反应。例如，碳燃烧生成二氧化碳，可以用下式表示：

$$C+O_2=CO_2$$

用化学式表示化学反应的式子称为化学方程式，也称化学反应方程式。

化学方程式要遵守两个原则：一是必须以客观事实为基础；二是要遵守质量守恒定律。

第 3 节　溶液浓度和酸碱盐

学习目标

通过本节的学习培训，学员能够：

(1) 了解溶液和溶液浓度的知识。

(2) 学会区分电解质和非电解质。

(3) 熟悉酸或碱反应的颜色变化。

(4) 掌握溶液的 pH。

一、溶液和溶液的浓度

1. 溶液

溶液是由一种或几种物质分散到另一种物质里，组成的均一、稳定的混合物，被分散的物质（溶质）以分子或更小的质点分散于另一物质（溶剂）中。

物质在常温时有固体、液体和气体三种状态。溶液也有三种状态：大气本身就是一种气体溶液；固体溶液混合物常称固溶体，如合金；一般溶液只是专指液体溶液。液体溶液包括两种，即能够导电的电解质溶液和不能导电的非电解质溶液。

溶液是由溶质和溶剂组成的。所谓胶体溶液，更确切地说，应称为溶胶。其中，溶质相当于分散质，溶剂相当于分散剂。

将蔗糖放入水中搅拌后，蔗糖就溶解了，而蔗糖水是甜的，这是因为蔗糖分子扩散到水分子中。若将蔗糖和食盐同时放在水中搅拌后，蔗糖和食盐都溶解了，而蔗糖和食盐的水溶液则变得又甜又咸，这是因为蔗糖分子和食盐分子同时扩散到水分子中的缘故。像上述一种或一种以上的物质，均匀地扩散到另一种物质中，形成均匀、透明、稳定的混合物称为溶液。而物质以分子（或离子）的形态均匀地扩散到另一种物质中的过程称为溶解。

除了水以外，很多的有机物都可作为溶剂。例如，在涂料中常常用甲苯、二甲苯、丁酯等作为溶剂来溶解树脂。涂料中使用的稀释剂（也称稀料、天那水）就是多种有机溶剂的混合物。

2. 溶液的浓度

溶液的浓度是指一定溶液内所含溶质的数量，常用质量分数表示。溶液的质量分数是指溶质的质量占全部溶液质量的比值。

质量分数常用符号“w_B”表示，计算公式为：

$$w_B = 溶质的质量/溶液的质量 \times 100\%$$

或

$$w_B = [溶质的质量/(溶质的质量+溶剂的质量)] \times 100\%$$

例 3—1 5 g NaCl 溶解在 400 g 水中，该 NaCl 溶液的质量分数是多少？

解：$w_{NaCl} = [溶质的质量/(溶质的质量+溶剂的质量)] \times 100\%$

$=[5/(5+400)]\times100\%$

$\approx1.23\%$

答：该 NaCl 溶液的质量分数是 1.23%。

例 3—2 要配制质量分数为 5%的食盐溶液 300 g，需要食盐和水各多少？

解：

溶质的质量=溶液的质量×溶液的质量分数

食盐的质量 = 300×5% = 15(g)

水的质量=溶液的质量−溶质的质量 = 300−15 = 285(g)

答：需要食盐 15 g、水 285 g。

二、电解质和非电解质

1. 电解质

电解质是指溶于水溶液中或在熔融状态下就能够导电（自身电离成阳离子与阴离子）的化合物。电解质分为强电解质和弱电解质。

电解质只有在溶于水或熔融状态时，电离出自由移动的离子后才能导电。离子化合物在水溶液中或熔融状态下能导电，某些共价化合物也能在水溶液中导电，但也存在固体电解质，其导电性来源于晶格中离子的迁移。

在做各种溶液的导电性实验时发现，有的溶液可以导电如食盐溶液、NaOH 溶液等；有的溶液则不可以导电如蔗糖溶液。对常温下固体状的食盐和蔗糖进行测试，发现它们均不导电；但将食盐和蔗糖都加热使之熔化后，发现熔化的食盐能导电，而蔗糖则不能导电。

2. 非电解质

像食盐这种在溶液状态或熔化状态下能导电的化合物称为电解质，而在这两种状态下都不能导电的化合物称为非电解质。

非电解质这一概念是相对于电解质而言的。非电解质是以典型的共价键结合的化合物，它们在水溶液中不发生电离反应。除羧酸及其盐类、酚、胺以外，大多数有机化合物都是非电解质，如蔗糖、甘油、乙醇等。在无机化合物中，只有某些非金属的卤化物和所有非金属氧化物（除水以外）是非电解质。

电解质溶于水或受热熔化，解离成自由移动的离子的过程称为电离。电解质电离可用电离方程式表示，举例如下：

$$NaCl=Na^{+}+Cl^{-}$$

$$NaOH=Na^{+}+OH^{-}$$

$$H_2SO_4=2H^{+}+SO_4^{2-}$$

三、酸

1. 概念

对电解质进行分类时发现，一些电解质电离时生成的阳离子全部是氢离子（H^+），它们的化学性质有许多相似之处，统称为酸。

硫酸：$H_2SO_4 = 2H^+ + SO_4^{2-}$

盐酸：$HCl = H^+ + Cl^-$

硝酸：$HNO_3 = H^+ + NO_3^-$

它们电离产生的阴离子常称为“某酸根离子”，如 SO_4^{2-} 称为硫酸根离子、Cl^- 称为盐酸根离子（或氯离子）、NO_3^- 称为硝酸根离子。

2. 化学性质

（1）酸碱指示剂反应。酸碱指示剂是指能和酸或碱反应以呈现出不同颜色的物质。

常见的酸碱指示剂有石蕊、酚酞和 BTB（溴麝香草酚蓝）。它们和酸或碱反应的颜色变化见表 3—5。

表 3—5　　酸碱指示剂颜色变化

介质	指示剂		
	石蕊（紫色）	酚酞（无色）	BTB（无色）
酸	变红	无颜色变化	变黄
碱	变蓝	变红	变蓝

（2）金属化学反应。酸可以和多种金属发生化学反应，生成氢气和另一种化合物。一种单质和一种化合物反应生成另一种单质和另一种化合物的反应称为置换反应。

例如，金属和稀硫酸或稀盐酸反应的化学方程式如下：

$$Zn + 2HCl = ZnCl_2 + H_2\uparrow$$

$$Fe + H_2SO_4 = FeSO_4 + H_2\uparrow$$

并非所有的金属都能和酸发生化学反应，只有活泼金属才能发生该类化学反应。金属的活动性如下：

K	Ca	Na	Mg	Al	Zn	Fe	Sn	Pb	（H）	Cu	Hg	Ag	Pt	Au
钾	钙	钠	镁	铝	锌	铁	锡	铅	（氢）	铜	汞	银	铂	金

$\longrightarrow$

金属的活动性由强变弱

只有排在（H）前面的金属才能和酸发生上述类型的反应。

（3）金属氧化物化学反应。酸可以和某些金属氧化物发生化学反应，生成盐和水，举例如下：

$$2HCl+CuO=CuCl_2+H_2O$$

（4）盐反应。酸可以和某些盐发生化学反应，生成另一种酸和另一种盐，举例如下：

$$AgNO_3+HCl=AgCl\downarrow+HNO_3$$

3. 常用酸

盐酸、硫酸和硝酸都是工业用途最广的酸。

盐酸是氯化氢（HCl）气体的水溶液，纯净的氯化氢是无色、有刺激性气味的气体。盐酸易挥发，挥发出的氯化氢气体遇到空气中的水分会生成盐酸小液滴，呈白雾状。盐酸是强酸，能腐蚀衣物和皮肤。

纯净的硫酸（H_2SO_4）是无色、黏稠、油状的液体，不易挥发，能以任何比例与水混合。浓硫酸有强烈的吸水性，常作为某些气体的干燥剂。浓硫酸还可以吸收碳水化合物中的水分而使其碳化，当浓硫酸不慎溅到衣物或皮肤上时，应立即用大量的水或稀碳酸钠溶液冲洗。浓硫酸溶解于水时会释放出大量的热，用水稀释浓硫酸时，一定要沿容器壁将浓硫酸缓慢地倒入水中，并不断搅拌。切不可将水倒入浓硫酸中，否则可能因硫酸沸腾而导致溅出的危险。

纯硝酸（HNO_3）是有刺激性气味的无色液体，含杂质时可能呈黄色，易挥发，和空气中的水分结合会产生硝酸小液滴。它能以任何比例溶解于水，硝酸在光照时会分解，所以要储存在不透光的容器内。

四、碱

1. 概念

碱是指电离后生成的阴离子全部是氢氧根离子的电解质。碱电离后还会生成金属离子，举例如下：

$$NaOH=Na^++OH^-$$

$$Ca(OH)_2=Ca^{2+}+2OH^-$$

$$KOH=K^++OH^-$$

2. 化学性质

（1）酸碱指示剂反应。酸碱指示剂颜色变化见表 3—5。

（2）非金属氧化物化学反应。碱能和多数非金属氧化物反应生成盐和水，举例如下：

$$2NaOH+CO_2=Na_2CO_3+H_2O$$

（3）酸反应。碱可以和酸反应生成盐和水，这种反应称为中和反应。中和反应既是碱的特性，又是酸的特性，举例如下：

$$NaOH+HCl=NaCl+H_2O$$

$$Ca(OH)_2+H_2SO_4=CaSO_4+2H_2O$$

中和反应的产物中，除水以外的化合物称为盐。可以看出，盐是由金属离子和酸根离子组成的化合物。

（4）盐反应。碱可以和某些盐反应生成另一种碱和另一种盐，举例如下：

$$2NaOH+CuCl_2=Cu(OH)_2\downarrow+2NaCl$$

$$3NaOH+FeCl_3=Fe(OH)_3\downarrow+3NaC1$$

3. 常见碱

氢氧化钠（NaOH）俗称烧碱、苛性钠或火碱，有强烈的腐蚀性，是工业用途最广的碱之一，用于纺织、印染、造纸、石油化工等。纯净的氢氧化钠是白色固体，极易溶于水并放出大量的热，其水溶液有涩味和滑腻感。氢氧化钠易吸收空气中的水分而潮解，因此要注意保存。

五、溶液的 pH

溶液的酸碱性常用 pH 表示。pH 也称氢离子浓度指数、酸碱度，是溶液中氢离子活度的一种标度，也就是通常意义上溶液酸碱程度的衡量标准。

pH 的变化范围是 0~14，其中 0~7 表示溶液呈酸性，7 表示溶液呈中性，7~14 表示溶液呈碱性。pH 和酸碱性如图 3—2 所示。

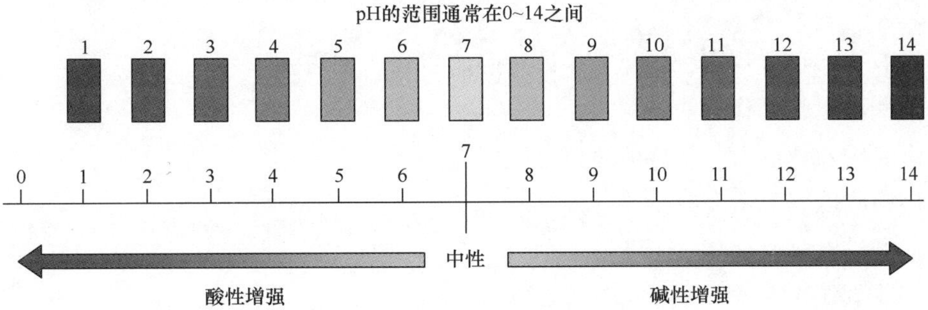

图 3—2 pH 和酸碱性

技能要求

蓄电池电解液密度及 pH 检测

一、器材准备

1. 汽车蓄电池 2 个（见图 3—3，1 个在整车上）。
2. 电解液密度计（常用规格）1 支。
3. 数字式万用表（常用规格）1 只。
4. pH 试纸若干。
5. 相关汽车蓄电池拆卸工具若干。

图 3—3　汽车蓄电池

二、操作要求

1. 所有操作符合规定，操作应采取正确的步骤、方法。
2. 检测蓄电池工作性能。

（1）启动发动机后测量蓄电池充电电压。

（2）检测电解液密度。

（3）测试电解液 pH。

三、操作准备

1. 安放车辆挡块，拉起驻车制动装置。
2. 解剖 1 个汽车蓄电池。

四、操作步骤

1. 在整车上，测量蓄电池电压。

（1）整车静态时，用万用表测量蓄电池静态电压。

（2）启动发动机，用万用表测量蓄电池充电电压。

2. 用电解液密度计测量已解剖的汽车蓄电池电解液密度，读数并判断检测结果。

3. 用 pH 试纸测试蓄电池电解液的 pH，并确定酸碱度。

4. 完成检测记录表的填写。

表 3—6　　检测记录表

编号	检测内容	检测数值	检测结果
1	蓄电池静态电压	V	
2	蓄电池充电电压	V	正常（ ）故障（ ）
3	电解液密度	kg/m^3	满电（ ）亏电（ ）
4	电解液 pH		酸性（ ）碱性（ ）

五、注意事项

1. 按规定做好个人安全防护。

2. 学会电解液外泄紧急处理。

3. 做好 5S 管理。

练习与检测

一、判断题

1. 没有生成新分子的变化是物理变化。（　　）

2. 离子既能带正电，也能带负电。（　　）

3. 核外电子是分层排布的，排布在同一层的电子运动能量是不相同的。（　　）

4. 离子化合物中离子的相互作用力称为离子键。（　　）

5. 涂料中使用的稀释剂就是多种有机溶剂的混合物。（　　）

二、单项选择题

1. 下列属于化学变化的是（　　）。

A. 汽油从液态挥发成气态　　B. 蜡烛燃烧生成二氧化碳和水

C. 液态水蒸发成水蒸气　　D. 液态水变成冰

2. 由于有机溶剂微粒能挥发到空气中，当打开溶剂型涂料的罐子时能闻到有机溶剂的味道，这些微粒是（　　）。

A. 离子　　B. 原子　　C. 分子　　D. 电子核

3. 化学反应的过程是分子间各种原子的重新组合过程，所有原子在化学反应的前后种类、数目、质量（　　）。

A. 增加　　B. 减少　　C. 有变化　　D. 没有变化

4. 用来溶解其他物质的物质称为（　　）。

A. 溶质　　B. 浓度　　C. 溶剂　　D. 液体

5. 关于纯净的硫酸，下列说法正确的是（　　）。

A. 无色、黏稠固体　　B. 无色、黏稠、油状液体

C. 有色、光滑、油状液体　　D. 无色、光滑、油状液体

6. 溶液的 pH 越接近于 14，（　　）。

A. 酸性越强　　B. 酸性越弱　　C. 碱性越强　　D. 碱性越弱

三、简答题

1. 如何区分单质和化合物、纯净物和混合物？

2. 简述质量守恒定律。

3. 常用的酸和碱有哪些？其物理特性是什么？

练习与检测答案

一、判断题

1. √　　2. √　　3. ×　　4. √　　5. √

二、单项选择题

1. B　　2. C　　3. D　　4. C　　5. B　　6. C

三、简答题

略

4

第 4 章

涂料知识与安全作业

知识要求

第 1 节　涂料及其发展

学习目标

通过本节的学习培训，学员能够：

（1）了解涂料的发展史。

（2）熟悉涂料的基本组成。

（3）掌握涂料的种类、命名和型号。

一、涂料的发展史

人类生产和使用涂料已有悠久的历史。涂料的发展与树脂和颜料的发展有着非常紧密的联系。

原始的壁画就是用生土、黏土、木炭、动物脂肪等绘制而成的具有红色、黄色、黑色等色彩的图案；古埃及人用天然树胶混合有色彩的矿物质、蜂蜜及蛋白来绘制墓地中的壁画，产生了更多的色彩，如绿色、蓝色等；古罗马人用亮红色的颜料混合亚麻油做装饰，这是醇酸涂料的前身。

18 世纪以前，涂料的使用主要依赖于天然树脂和天然颜料。在 18 至 19 世纪工业革命时期，涂料工业得到空前的发展，清漆和色漆被广泛地运用在金属表面用于防腐，涂料生产也开始工业化。

随着合成树脂的出现，涂料更广泛地运用在各个领域，人类也能根据需要选择不同类型和性能的涂料。20 世纪 20 年代，硝基纤维素树脂出现了，它结合石油溶剂（如烃、酯、酮、醇等）和合成有机颜料，广泛应用在汽车生产中；到 20 世纪中后期，高温磁漆技术使汽车涂装工业上了一个新台阶。

20 世纪后期，近代涂料工业发展时代到来。这时，颜料和溶剂更趋于安全，丙烯酸、聚酯、乙烯、聚氨酯树脂等的出现，使各种底材的涂装都得到快速发展。同时，出现了新的施工技术，如卷涂、电泳、自动化喷涂等。

二、涂料的基本组成

涂料是涂覆在被保护或被装饰的物体表面，与被涂物形成牢固附着的连续薄膜。涂料由树脂、颜料、溶剂、添加剂等组成。

1. 树脂

树脂原来是指固体、半固体且具有受热熔化性质的材料。树脂是由许多高分子复杂化合物相互溶解形成的混合物。树脂常被称为“成膜物”或“基料”，是涂料最基本的组成物质。

树脂的主要作用是将涂料中的各种物质黏合在一起，并和其他物质共同构成涂料的性能，如对底材的附着力、耐候性及其他物理或化学性能。

（1）树脂的性能。一般树脂都可熔化，且具有溶解于有机溶剂（如醇、酯、酮等）而难溶或不溶于水的性质。熔化或溶解的树脂一般黏着性很强，涂覆于物体表面干燥后能形成一层透明而硬脆的薄膜。

涂料中树脂必须具备以下性能：

1）树脂在涂料中作为主要成膜物质，它的性能直接关系到涂料性能。树脂的光泽度、硬度、弹性、耐水性、耐酸碱性等指标，能赋予涂膜一定的保护与装饰性能。

2）树脂之间或树脂与油之间要有很好的互溶性。由于各种树脂有各自的特性，在涂料中常将多种树脂合用，互相取长补短，满足多方面的性能要求。

3）树脂要求易在价廉且来源充足的溶剂中溶解。由于施工的需要，涂料要能很好地变为涂膜，一般必须把涂料制成液体状。有些树脂的溶解有局限性，限制了它的应用。

（2）树脂的分类

1）按照树脂来源分类，树脂可以分为天然树脂和合成树脂。虫胶、树胶等都是天然树脂；而涂料中使用的大部分树脂，如硝基纤维素、醇酸树脂、丙烯酸树脂等都是合成树脂。

2）按照树脂聚合物的化学种类分类，常用于汽车涂装修补的树脂有环氧树脂、丙烯酸聚氨酯树脂、醇酸树脂、硝基纤维素树脂等。

2. 颜料

颜料是一种微细粉末状的有色物质，经研磨成为颗粒状的天然矿物质或合成的化合物。它不溶于水或油的介质，能均匀地分散在涂于物体表面形成带色层的介质中，呈现一定的色彩。颜料具有适当的遮盖力和着色力、高分散度、鲜明的色彩、对光的稳定性等特性。在涂料中，颜料的主要功能是提供色彩及特殊效果，使涂料具有遮盖力和填充性（即膜厚）、打磨性、耐候性、防腐性等。

根据功能分类，颜料可分为着色颜料、填充颜料、防腐颜料等。

根据分子结构分类，颜料可分为无机颜料和有机颜料。钛白粉、炭黑、氧化铁红及氧化铁黄等都是无机颜料；大部分色彩鲜艳的颜料，如酞菁蓝、偶氮红等，均为有机颜料。

另外，汽车涂装中常用的铝粉、珠光粉、干涉型珍珠（变色龙珍珠）等则属于特殊效果颜料。

3. 溶剂

溶剂是液态涂料的一个重要组成部分。溶剂是指在涂料中溶解或分散树脂和颜料，形成便于施工的液态涂料并在涂膜形成时挥发掉的物质。

在选择溶剂时，主要有溶解力和挥发速率两个基本因素。在涂料里，溶剂必须能溶解树脂并降低其黏度，这样才可以使用。挥发是涂料干燥过程的一部分，调整溶剂的挥发速率可以控制干燥过程中各个阶段的涂料黏度。

在溶剂型涂料中，主要溶剂是有机溶剂，如烃类、醇类、酮类、酯类等；在水性涂料或乳胶漆中，主要溶剂是水。

4. 添加剂

添加剂俗称助剂，是指少量用于涂料中却能影响涂料生产、储存、运输、施工及涂膜性能的物质，是涂料中不可缺少的部分。

加入少量添加剂即可改变涂料特性和功能，提高涂料质量和应用效果。现代社会对汽车涂料的性能要求如光泽度、耐候性、遮盖力、流动性等越来越高，涂料添加剂可以改进涂料的生产工艺，提高涂料的质量，并赋予涂料特殊功能，改善涂料的施工性能。

涂料添加剂已经发展成多个种类，其作用各不相同，使用时一定要根据涂料和涂膜的要求加以选择。根据对汽车涂料和涂膜的作用不用，添加剂可分为以下几种：

（1）在涂料生产过程发生作用的添加剂，如消泡剂、湿润剂、分散剂、引发剂等。

（2）在涂料储存过程发生作用的添加剂，如防沉淀剂等。

（3）在涂料施工成膜过程中发生作用的添加剂，如催干剂、固化剂、流平剂、表面控制剂、静电调节剂等。

（4）对涂膜性能产生影响的添加剂，如增塑剂、消光剂、防静电剂、光稳定剂、抗划伤剂等。

三、涂料的种类、命名和型号

1. 种类

按涂料的形态可分为水性涂料、溶剂性涂料、粉末涂料、高固体分涂料等。根据国家标准《涂料产品分类和命名》（GB/T 2705—2003）规定，涂料产品的分类是以涂料漆基中主要成膜物质为基础的。若涂料成膜物质为多种树脂，则以在涂膜中起主要作用的一种树脂为基础。

涂料成膜物质分类见表 4—1。

表 4—1　　涂料成膜物质分类

类别	主要成膜物质
油脂	天然植物油、动物油（脂）、合成油等
天然树脂	松香及其衍生物、虫胶、乳酪素、动物胶、大漆及其衍生物等
酚醛树脂	酚醛树脂、改性酚醛树脂等
沥青	天然沥青、（煤）焦油沥青、石油沥青等
醇酸树脂	甘油醇酸树脂、季戊四醇醇酸树脂、其他醇类的醇酸树脂、改性醇酸树脂等
氨基树脂	三聚氰胺树脂、脲（甲）醛树脂等
硝酸纤维素（酯）	硝酸纤维素（酯）等
纤维素酯	乙酸纤维素（酯）、乙酸丁酸纤维素（酯）、乙基纤维素、苄基纤维素等
过氯乙烯树脂	过氯乙烯树脂等
烯类树脂	氯乙烯共聚树脂、聚乙酸乙烯及其共聚物、聚乙烯醇缩醛树脂、聚苯乙烯树脂、含氟树脂、氯化聚丙烯树脂、石油树脂等
丙烯酸树脂	热塑性丙烯酸树脂、热固性丙烯酸树脂等
聚酯树脂	饱和聚酯树脂、不饱和聚酯树脂等
环氧树脂	环氧树脂、环氧酯、改性环氧树脂等
聚氨酯树脂	聚氨（基甲酸）酯树脂等
元素有机聚合物	有机硅树脂、有机钛树脂、有机铝树脂等
橡胶	氯化橡胶、环化橡胶、氯丁橡胶、氯化氯丁橡胶、丁苯橡胶、氯磺化聚乙烯橡胶等
其他	以上 16 类不包括的成膜物质，如无机高分子材料、聚酰亚胺树脂、二甲苯树脂等

注：本表包括直接来自天然资源的物质及经加工处理后的物质。

2. 命名

涂料全名一般是由色彩或颜料名称加上成膜物质名称，再加上基本名称组成的。对于不含颜料的清漆，其全名一般是由成膜物质名称加上基本名称组成的。

色彩名称通常由红、黄、蓝、白、黑、绿、紫、棕、灰等，有时再加上深、中、浅（淡）等词构成。成膜物质名称应适当简化，如聚氨基甲酸酯简化成聚氨酯、环氧树脂简化成环氧、硝酸纤维素（酯）简化成硝基。

漆基中含有多种成膜物质时，选取起主要作用的 1 种成膜物质命名。必要时也可以选取 2 种或 3 种成膜物质命名，主要成膜物质名称在前，次要成膜物质名称在后，如红环氧硝基磁漆。

基本名称表示涂料的基本品种、特性和专业用途。例如，清漆、磁漆、底漆、锤纹漆、罐头漆、甲板漆、汽车修补漆等。

在成膜物质名称和基本名称之间，必要时可插入适当词语来表明专业用途和特性等，如白硝基球台磁漆、绿硝基外用磁漆、红过氯乙烯静电磁漆。

凡是烘烤干燥漆的名称中（成膜物质名称和基本名称之间）都有“烘干”字样，如银灰氨基烘干磁漆、铁红环氧聚酯酚醛烘干绝缘漆。名称中无“烘干”，则表示该漆自然干燥、烘烤干燥均可。

凡双（多）包装的涂料，在名称之后应增加“（分装）”字样，如 Z22-1 聚酯木器漆（分装）。

3. 型号

涂料的型号用于区别具体涂料品种，它位于涂料名称之前。涂料型号和名称示例见表4—2。

表 4—2　　涂料型号和名称示例

型号	名称	型号	名称
Q01-17	硝基清漆	G64-1	过氯乙烯可剥漆
Q04-6	白硝基球台磁漆	A04-81	黑氨基无光烘干磁漆
C04-2	黄醇酸磁漆	Q20-34	天蓝硝基抽条铅笔漆
H36-51	中绿环氧烘干电容器漆	S07-1	浅灰聚氨酯腻子（分装）
H52-98	铁红环氧酚醛烘干防腐漆	X-5	丙烯酸漆稀释剂
Y53-31	红丹油性防锈漆	H-1	环氧漆固化剂

涂料的型号由一个汉语拼音字母和几个阿拉伯数字组成。

（1）字母表示涂料类别代号，位于型号的最前部。涂料类别代号见表 4—3。

（2）第一位和第二位数字表示涂料基本名称代号。涂料基本名称代号见表 4—4。

（3）第三位或第三位及以后位的数字表示涂料序号。

（4）在第二位和第三位数字之间加有半字线（读成“之”），把基本名称代号与序号分开。辅助材料名称代号见表 4—5。

表 4—3　　涂料类别代号

代号	涂料类别	代号	涂料类别
Y	油脂漆类	L	沥青漆类
T	天然树脂类	C	醇酸漆类
F	酚醛漆类	A	氨基漆类

续表

代号	涂料类别	代号	涂料类别
Q	硝基漆类	H	环氧漆类
M	纤维素漆类	S	聚氨酯漆类
G	过氯乙烯漆类	W	元素有机漆类
X	烯树脂漆类	J	橡胶漆类
B	丙烯酸漆类	E	其他漆类
Z	聚酯漆类		

表 4—4　　涂料基本名称代号

代号	基本名称	代号	基本名称
00	清油	28	塑料用漆
01	清漆	30	（浸渍）绝缘漆
02	厚漆	31	（覆盖）绝缘漆
03	调和漆	32	抗弧（磁）漆、互感器漆
04	磁漆	33	（黏合）绝缘漆
05	粉末涂料	34	漆包线漆
06	底漆	35	硅钢片漆
07	腻子	36	电容器漆
09	大漆	37	电阻漆、电位器漆
11	电泳漆	38	半导体漆
12	乳胶漆	39	电缆漆、其他电工漆
13	水溶（性）漆	40	防污漆
14	透明漆	41	水线漆
15	斑纹漆、裂纹漆、橘皮漆	42	甲板漆、甲板防滑漆
16	锤纹漆	43	船壳漆
17	皱纹漆	44	船底漆
18	金属（效应）漆、闪光漆	45	饮水舱漆
20	铅笔漆	46	油舱漆
22	木器漆	47	车间（预涂）底漆
23	罐头漆	50	耐酸漆、耐碱漆
24	家电用漆	52	防腐漆
26	自行车漆	53	防锈漆
27	玩具漆	54	耐油漆

续表

代号	基本名称	代号	基本名称
55	耐水漆	80	地板漆、地坪漆
60	防火漆	82	锅炉漆
61	耐热漆	83	烟囱漆
62	示温漆	84	黑板漆
63	涂布漆	86	标志漆、路标漆、马路划线漆
64	可剥漆	87	汽车漆（车身）
65	卷材涂料	88	汽车漆（底盘）
66	光固化涂料	89	其他汽车漆
67	隔热涂料	90	汽车修补漆
70	机床漆	93	集装箱漆
71	工程机械用漆	94	铁路车辆用漆
72	农机用漆	95	桥梁漆、输电塔漆、其他（大型露天）钢结构漆
73	发电、输配电设备用漆	96	航空、航天用漆
77	内墙涂料	98	胶液
78	外墙涂料	99	其他
79	屋面防水涂料		

表 4—5　　辅助材料名称代号

代号	辅助材料名称
X	稀释剂
F	防潮剂
G	催干剂
T	脱漆剂
H	固化剂

四、涂料的成膜原理和特点

1. 硝基涂料和热塑性丙烯酸涂料

硝基涂料和热塑性丙烯酸涂料是最典型的溶剂挥发型涂料。当溶剂从湿涂膜中挥发后，剩余的物质变干变硬即形成干涂膜。

硝基涂料和热塑性丙烯酸涂料的特点是：单组分、使用简单、快干、施工时固体含量低、干涂膜的打磨性好等。硝基涂料和热塑性丙烯酸涂料干涂膜易溶解于溶剂中。

2. 醇酸涂料

醇酸涂料是最典型的氧化干燥型涂料。溶剂从湿涂膜中挥发，涂膜中的物质和空气中的氧气发生氧化反应，涂膜才能变干变硬形成干涂膜。

醇酸涂料的特点是：单组分、使用的溶剂比较温和、原材料价格比较低廉、干燥慢、干涂膜的打磨性差等。醇酸涂料干涂膜在溶剂的作用下会变软，但不会溶解。

3. 双组分丙烯酸聚氨酯涂料

双组分丙烯酸聚氨酯涂料是典型的交联反应型涂料。2 个组分分开包装时，各自稳定存在，但当 2 个组分以一定的比例混合后，即开始发生化学反应，同时溶剂开始挥发，当化学反应完成后涂膜变硬形成干涂膜。

双组分丙烯酸聚氨酯涂料的特点是：干燥慢、加热烘烤或者红外线照射可加速干燥；干涂膜丰满度好、光泽度高、打磨性好、耐久性好等。双组分丙烯酸聚氨酯涂料干涂膜不溶于溶剂，是目前满足汽车涂装要求的最佳产品类型。但它使用方法比较复杂，而且一定要严格按照配比调配。

4. 光固化涂料

光固化涂料领域运用最广泛的是紫外光固化。在通常条件下此类产品不会干燥，只有在紫外光的照射下才能迅速干燥形成干涂膜。干燥时间从几十秒到几分钟不等。

光固化涂料的特点是：单组分；使用方便，一般不需要稀释，可以达到 100%的固体含量；在各种底材上，有良好的附着力及耐久性。

第 2 节　汽车修补涂料

学习目标

通过本节的学习培训，学员能够：

（1）了解汽车修补涂料的种类。

（2）熟悉修补涂料的性能。

一、汽车修补涂料的种类

汽车修补涂料的种类繁多，通常可以按照以下几个方面进行分类。

1. 按照功能分类

汽车修补涂料分为底漆、中涂底漆、面漆等。

2. 按照施工方式分类

汽车修补涂料分为单工序涂装、双工序涂装、三工序涂装等。双工序涂装和三工序涂装的最后一道工序是清漆罩光。

3. 按照色彩效果分类

色彩是汽车涂装的一个重要特点，也是面漆的重要性能。按照色彩效果分类，汽车修补涂料分为素色漆、银粉漆、珍珠漆及特殊效果漆。素色漆有单工序和双工序 2 种施工方式；银粉漆有单工序和双工序 2 种施工方式，但单工序银粉漆在涂装修补中被逐步淘汰；珍珠漆有双工序和三工序 2 种施工方式，其中三工序涂装工艺比较复杂，修补也比较困难。

4. 按照涂料树脂种类分类

汽车修补涂料分为双组分聚氨酯丙烯酸涂料、醇酸涂料、硝基涂料、环氧树脂涂料等。

二、汽车常用修补涂料的性能简介

1. 双组分丙烯酸聚氨酯涂料

双组分丙烯酸聚氨酯涂料是目前在汽车涂装修补领域中应用最广泛的产品体系。双组分丙烯酸聚氨酯涂料是通过 2 个组分的化学反应形成干涂膜的，属于交联反应型涂料。它一般有 2 个组分：漆基和固化剂（异氰酸酯）。

双组分丙烯酸聚氨酯涂料具有良好的耐久性、施工性，以及卓越的外观如光泽度高、膜厚高、彩度高、装饰效果好等特点。它主要用于面漆中，也可以用于中涂底漆中。

双组分丙烯酸聚氨酯涂料使用时比较复杂，除了要严格按照厂家要求的比例调配漆基和固化剂外，还要调节喷涂黏度；而且调配好的产品要在规定时间内使用完，否则会产生质量问题。

2. 醇酸涂料

醇酸涂料是指以醇酸树脂为主要成膜物质的合成树脂涂料。醇酸涂料具有耐候性、附着力好和光亮、丰满等优点，且施工方便；但醇酸涂料也具有涂膜较软，耐水性、耐碱性欠佳等缺点。

醇酸树脂可与其他树脂配成多种不同性能的自干或烘干底漆、面漆，广泛用于桥梁等建筑物，以及机械、车辆、船舶、飞机、仪表等涂装，但难用于金属闪光漆技术中。

在汽车修补领域所用的醇酸面漆可以是单组分包装，也可以是双组分包装，用异氰酸酯做固化剂可以加速干燥。

3. 硝基涂料

硝基涂料也称硝基纤维素涂料，是以硝基纤维素为主要成膜物质，再加入合成树脂、增韧剂、溶剂、稀释剂、颜料等混合调配而成。

硝基涂料最大的特点是易涂装、干燥迅速，能够缩短施工时间，可以制成素色漆、金属闪光漆等。硝基涂料的黏度较高，喷涂时一般需要用大量的稀释剂进行稀释，因此每层喷涂的干涂膜膜厚较小。另外，硝基涂料干涂膜溶解于有机溶剂。

硝基涂料曾在汽车工业中大量使用，但当丙烯酸聚氨酯涂料面世后，硝基涂料在汽车领域就迅速被取代，其用量呈逐年下降趋势。

4. 环氧树脂涂料

环氧树脂涂料是以环氧树脂为主要成膜物质的涂料。

环氧树脂涂料的种类众多，各具特点。按照固化方式可分为：自干型单组分、双组分、多组分液态环氧涂料，烘烤型单组分、双组分液态环氧涂料，粉末环氧涂料和辐射固化环氧涂料等。按照涂料状态可分为：溶剂型环氧涂料、无溶剂环氧涂料、水性环氧涂料等。

环氧树脂涂料在各种金属底材上的附着力、抗腐蚀和抗化学品性能都非常好，但耐候性较差。环氧树脂底漆在汽车涂装修补中被称为“万能”底漆，广泛用于汽车涂装修补底漆中。

用于汽车涂装修补涂料的环氧底漆一般有两种形式：一种是氨基固化的厚膜底漆，兼底漆和中涂底漆于一体，干燥时间较长；另一种是异氰酸酯固化的底漆，涂膜较薄，干燥时间较短，但打磨性差，仅作为汽车修补底漆使用。

第 3 节　涂装车间安全作业

学习目标

通过本节的学习培训，学员能够：

（1）了解安全施工要求。

（2）熟悉消防设备使用和操作方法。

（3）掌握个人安全防护知识。

一、涂料施工安全管理

由于涂料及稀释剂都是易燃品，都易挥发且具有一定毒性，涂料施工过程中还会产生大量的飞漆和粉尘，若不严格遵守安全操作规程和安全施工方法，极易发生生产事故。应坚持“安全第一，预防为主”的原则。涂料施工操作中安全生产和劳动保护是防止火灾、防止伤亡事故、防止职业病、保护企业财产、保障职工身体健康的一个重要措施。

生产事故造成的伤害是十分严重的，轻者损害健康，重者则可能引起残疾，甚至死亡。涂料施工人员应该了解和掌握安全施工方法，学习和遵守安全操作规程，在施工中严格执行安全生产、劳动保护等条例和法规。

1. 一般安全措施

为了保证人身安全和设备不受损坏，施工人员应对危险或不安全因素进行辨识，预防意外事故的发生。

（1）个人安全防护措施

1）在进行手工清除铁锈、旧涂膜、焊渣及手工打磨等施工环节时，施工人员应该采取戴护目镜、戴棉纱手套、戴防尘口罩、穿工作服和钢头安全鞋等安全防护措施。

2）在用溶剂型清洁剂清洗工件、用脱漆水脱漆或进行喷涂等施工环节时，施工人员应该采取戴护目镜、戴乳胶手套、戴活性炭口罩、穿抗静电工作服和钢头安全鞋等安全防护措施。如果是喷涂含异氰酸酯固化剂的双组分涂料，施工人员必须戴供气式面罩。

3）施工完毕后，应盖紧涂料桶盖。防护用品及时放回专用柜中。

4）登高作业前，要注意检查凳子或者梯子是否牢固。严禁穿拖鞋登高作业，登高超过一定高度（2 m），施工人员必须系安全带。

5）使用电动工具时，应该检查工具是否接地，电线要用胶管保护。在潮湿场地操作时，施工人员必须穿胶皮鞋、戴乳胶手套。

（2）施工环境要求

1）施工场地要有良好的通风条件，尤其是在室内施工时更要注意。在喷涂房内施工时，要有充足的空气交换量。良好的空气交换不仅有利于涂层干燥，还能及时排出有害飞漆和挥发性气体。如果是干打磨施工环节，必须安装吸尘装置。

2）施工场地的照明设备必须有防爆装置，涂料仓库照明开关应安装在库房外面。

3）做好施工现场的5S管理。施工场地的易燃品、棉纱等随时清除，严禁烟火。涂料库房要隔绝火源，要配备消防器材、涂料防爆柜，要有严禁烟火的标志。

（3）设备操作安全要求

1）施工人员要熟悉空气压缩机、通风设备、中央集尘系统、打磨设备等设备的操作要求，并定期检查相关设备和装置（如储气筒、安全阀等）。在操作空气压缩机安全阀时，施工人员应随时注意压力计指针不要超过极限红线。

2）移动式静电喷涂设备接通电源后，严禁移动静电发生器。

3）电气设备（如空气压缩机、电气工具、照明设备等）发生故障时，应立即切断电源并上报，由专业工作人员进行检修。修理电气设备时要切断电源，对所有能够接通电源的配电柜或开关箱都要上锁，并挂上禁止开启的警告标牌。

4）静电设备的高压电缆悬空吊架与其他电力电缆至少要保持 50 cm 的距离。

2. 防火防爆措施

由于涂料绝大多数是易挥发、易燃烧的物料，遇明火极易发生火灾。施工时挥发的溶剂蒸气与空气混合达到一定浓度时，一旦遇到明火易爆炸，会造成重大人员财产损失。

为了确保生产安全、消除安全隐患，涂料施工时必须做好防火防爆工作。

（1）施工场地应该配备防火设备。涂料桶盖要及时盖紧，防止溶剂蒸发使空气中溶剂浓度超过安全值。

（2）施工完毕后及时进行 5S 管理。清理易燃材料，如用过的浸有涂料、溶剂的棉纱和碎布等，采取集中存放在金属桶内并用清水浸没的方法，防止材料因过热而自燃。把物料及时入库。

（3）施工场地严禁明火，严禁吸烟。施工场地及周围区域不得有明火，以消除引发火灾的安全隐患。

（4）施工现场电气设备必须安装防爆装置。落实日常检查电气设备制度，消除电气安全隐患。施工场地必须采用防爆插座，禁止使用闸刀开关。

（5）消防设施齐全。施工现场必须有足够的消防器材及设施，如灭火器、黄沙等。

（6）严格执行易燃品管理制度。施工场地不准堆放易燃品，出入口及通道上严禁堆放任何货物，易燃品应放入危险品仓库。

3. 其他劳动防护措施

涂料施工中所使用的涂料、溶剂等大部分是有毒有害物质。施工时产生的飞漆或涂膜在干燥过程中挥发的溶剂性气体被人吸入后，会对人体中枢神经系统有严重的刺激和破坏作用，引起抽筋、头晕、昏迷等症状，危害施工人员的身体健康。

因此，有机溶剂在空气中所允许的最高质量浓度见表 4—6。

表 4—6　有机溶剂在空气中所允许的最高质量浓度　mg/m^3

有机溶剂	最高允许质量浓度	有机溶剂	最高允许质量浓度
苯	50	松香水	300
甲苯	100	松节油	300
二甲苯	100	二氯乙烷	50
丙酮	400	三氯乙烷	50

续表

有机溶剂	最高允许质量浓度	有机溶剂	最高允许质量浓度
氯苯	50	醋酸甲酯	100
甲醇	50	醋酸乙酯	200
乙醇	1 500	醋酸丙酯	200
丙醇	200	醋酸丁酯	200
丁醇	200	醋酸戊酯	100
戊醇	100		

涂料施工人员应加强劳动防护意识和措施：

（1）施工时如果感到头痛、眩晕、心悸、恶心等，施工人员应立即停止工作，到室外空气新鲜的地方休息，严重者应该及时去医院治疗。

（2）长期接触飞漆和有机溶剂气体的施工人员易发生慢性中毒，所以要养成定期检查身体的习惯，发现有慢性中毒迹象的应调离原工作岗位。

（3）有机溶剂蒸气可以通过皮肤渗入体内。施工人员在喷涂完毕后，要用肥皂洗脸和手。条件允许时，施工人员喷涂完毕后应该淋浴。

（4）施工时应戴防护眼镜。如果溶剂溅入施工人员眼睛内，应立即用清水冲洗，然后送其到医院治疗。

（5）喷涂完毕后施工人员要多喝开水，平时多喝牛奶也有利于排毒。

4. 涂料的存放和保管

绝大多数涂料都是有毒、易燃的物质，并有一定的保存期。涂料在存放和保管时，应该考虑安全、防毒、保证涂料质量三方面因素。

涂料在存放和保管中应该注意以下几点：

（1）必须有存放涂料的专用库房，有条件的库房配置涂料防爆柜，涂料不得与其他物品（易燃材料）存放在一起。涂料仓库必须安装防爆开关、插头、插座和防爆灯，库房要干燥、隔热、避免阳光直射。涂料库房要有通风口，防止库房密封造成库房内有机溶剂浓度过高而发生危险。

（2）库房必须远离火源，门口应该有“严禁烟火”的醒目标志。火柴、打火机、移动手机等不得带进库房。库房外应该放置灭火器、黄沙及其他灭火材料。

（3）涂料库房室温不得超过 28℃。夏季高温时应有降温措施，在早、晚温度较低时取涂料，避开中午高温时取涂料。

（4）库房内往往存放不同性质的涂料，应该分堆或者分层存放。

（5）涂料库房内不允许调配涂料。使用过的涂料桶盖必须盖紧，不准存放敞口的涂料桶。涂料空桶不可以存放在涂料库房内，应该集中存放在通风好、无易燃物品的地方，并定期处理。

（6）涂料库房进料时，应该登记涂料出厂日期、进库日期和规定的保质期。对于用量小或容易变质凝结的涂料，不宜大量进货，防止积压。涂料库房出料时，按照先进先出的原则，以防止因涂料存放过久过期变质，导致施工时发生如干化、结皮、沉淀等质量事故。

（7）根据经营规模，涂料库房管理可以选择合适的管理软件系统。

二、灭火技术

1. 溶剂的危险性

溶剂有两方面用途：一方面用于降低涂料的黏度，以便于施工；另一方面用于洗涤喷涂设备等。溶剂最终将全部挥发掉。

汽车涂装车间施工中要使用大量的溶剂。溶剂是易燃易爆物质，是涂装车间发生火灾和爆炸事故的主要因素。易燃易爆物质具有以下几个燃烧特性：

（1）闪点。可燃性液体的蒸气与空气形成可燃性混合气体，遇到明火而引起闪电式燃烧，这种现象称为闪燃。引起闪燃的最低温度称为该可燃性液体的闪点。

溶剂和涂料的火灾危险等级以闪点为划分依据，分为三级：一级火灾危险品（闪点在21℃以下，极易燃）；二级火灾危险品（闪点在21～70℃，一般易燃）；三级火灾危险品（闪点在70℃以上，难燃）。

（2）着火点。溶剂蒸气遇明火能燃烧5 s以上时的最低温度称为着火点。着火点比闪点略高些。

（3）自燃点。自燃点是指物质不需要借助火源而达到一定温度后自行燃烧的最低温度。自燃点要比闪点高得多。

（4）爆炸范围。可燃性气体与空气混合形成爆炸性混合气体，点火爆炸产生的最低质量浓度称为爆炸下限，最高质量浓度称为爆炸上限。在爆炸上限和下限之间都能产生爆炸，称为爆炸范围。为了确保安全，可燃气体的混合浓度应控制在下限浓度的25%以下。常用溶剂的闪点、爆炸极限和卫生许可质量浓度见表4—7。

（5）蒸气密度。蒸气密度是指相同体积的溶剂蒸气与空气质量之比。可燃性溶剂的蒸气一般比空气密度大，有积聚于地面或者低处的倾向。因此，通风换气口应该设置在接近地面处。

表 4—7　　常用溶剂的闪点、爆炸极限和卫生许可质量浓度

溶剂名称	闪点（闭杯法）（℃）	爆炸下限（g/m^3）	爆炸上限（g/m^3）	卫生许可质量浓度（mg/L）
甲醇	-1~10	46.5	478	0.05
正丁醇	27~34	51	309	0.2
丙酮	-17	60.5	218	0.2
环己酮	40	44	—	—
乙基溶纤剂	40	9.5	574	0.2
醋酸丁酯	25	80.6	712	0.2
苯	-8	48.7	308	0.05
甲苯	6~30	38.2	264	0.05
二甲苯	29~50	130	330	0.05
松节油	30	体积分数 0.8%	体积分数 44.5%	0.3
溶剂汽油	>28	体积分数 1.4%	体积分数 6.0%	0.3

2. 涂装车间的常见火种及防火措施

（1）涂装车间的常见火种

1）自燃火种。浸有清洁剂、溶剂、涂料的擦布和棉纱等物体不及时清除，会使化合物之间产生化学反应，释放出大量热量使物体温度达到自燃点而“自动着火”。

2）明火。涂装车间内应张贴醒目标志“严禁烟火”。严禁使用易产生火种的电动工具和设备，若必须动用明火，应先按规定进行动火申请，并在相关职能人员的监督下，在规定的区域内操作。

3）撞击火花。用铁器敲打或者开启金属桶时都易产生撞击火花。

4）电火花。普通的电气设备开关在切断或闭合时会产生瞬间电火花，电线电流超负荷时也会产生过热等现象，这些都是产生电火灾的原因。涂装车间内必须采用防爆型照明装置和电动机，插头的接地线可靠。在使用溶剂的工作场所，禁止安装闸刀开关、配电箱、断路器、普通电动机等。

5）静电。两个绝缘体之间的摩擦会产生静电，静电是涂装车间发生火灾和爆炸事故的主要根源之一。因此，涂装车间安装的设备、管道、大型溶剂容器等都必须可靠接地，避免静电引发火灾。

（2）涂装车间的防火措施

1）定期开展防火检查，消除火灾隐患。

2）保障疏散通道、安全出口和消防通道的畅通。

3）严格执行消防安全管理制度。

3. 灭火的基本方法

要掌握灭火的方法，先要掌握燃烧的必要条件；只要破坏燃烧的必要条件就可以达到灭火目的。破坏燃烧的必要条件就是通过降低燃烧物周围的氧气浓度来达到灭火效果，一般可采用湿毛巾、湿棉被、沙土、泡沫等阻燃材料覆盖在燃烧物上，使其缺少燃烧所需要的氧气而熄灭。

最常用的灭火器材就是手提式灭火器。手提式灭火器使用方法如图 4—1 所示。

图 4—1　手提式灭火器使用方法

不管采用哪种灭火方法，都要在保障自己安全的前提下及时灭火。日常消防检查时，要注意检查灭火器是否超出有效期，以免发生火灾时影响灭火效果。

4. 常用灭火器的分类和存放

常用灭火器的种类有很多，按其移动方式可分为手提式和推车式；按驱动灭火剂动力来源可分为储气瓶式、储压式、化学反应式；按所充装的灭火剂可分为泡沫、二氧化碳、干粉、卤代烷（如 1211 灭火器）、酸碱、清水等灭火器。

常见的灭火器有 MP 型、MPT 型、MF 型、MFT 型、MFB 型、MY 型、MYT 型、MT 型、MTT 型等型号，这些字母的含义见表 4—8。

表 4—8　　灭火器型号的字母含义

字母位置	含义			
第一个字母	M 表示灭火器			
第二个字母	P 表示泡沫	F 表示干粉	Y 表示卤代烷	T 表示二氧化碳
第三个字母	T 表示推车式	B 表示背负式	无字母表示手提式	

常用灭火器的性能、适用范围及使用方法介绍如下：

（1）MP 型手提式化学泡沫灭火器。根据国家标准，MP 型手提式化学泡沫灭火器按照所充装灭火剂容量可分为 6 L 和 9 L 两种规格，其型号分别为 MP6 和 MP9。

MP 型手提式化学泡沫灭火器适用于扑救液体和可熔融固体物质燃烧的火灾，如石油制品、油脂等物质燃烧的火灾；也适用于扑救固体有机物质燃烧的火灾，如木材、棉织品等物质燃烧的火灾。但不能扑救带电设备、可燃气体、轻金属、水溶性可燃和易燃液体等燃烧的火灾。

MP 型手提式化学泡沫灭火器使用方法：使用时应始终将灭火器保持倒置状态，否则会中断喷射，但不可将灭火器筒底朝向自己下巴或其他人，否则会伤害自己或他人；当灭火人员距离着火点 10 m 左右时，灭火人员一只手紧握灭火器提环（或提把），另一只手扶住灭火器筒体的底圈，将灭火器筒体颠倒，让灭火剂射流对准燃烧物。

MP 型手提式化学泡沫灭火器每年都要更换药剂，并注明换药时间。MP 型手提式化学泡沫灭火器不可存放在高温的地方，以防碳酸氢钠分解出二氧化碳而失效；严冬季节要采取保暖措施，以防冰冻。应经常疏通 MP 型手提式化学泡沫灭火器的喷嘴，使之保持畅通。

推车式化学泡沫灭火器和手提式化学泡沫灭火器适用范围、灭火方法及注意事项基本相同。

（2）MT 型二氧化碳灭火器。MT 型二氧化碳灭火器的原理是：内部充装高压液态二氧化碳，靠它本身的蒸气压力作为动力喷出进行灭火。

MT 型二氧化碳灭火器具有灭火不留痕迹、绝缘性能尚可等特点，适用于扑救 600 V 以下的带电电器、贵重设备、图书资料、仪器仪表等初起火灾，以及一般的液体火灾，不适用于扑救轻金属火灾。

使用 MT 型二氧化碳灭火器灭火时，操作人员要戴手套，且灭火动作要迅速以防止冻伤。如果在室外灭火，操作人员应将二氧化碳灭火器喷筒对准火源，打开灭火器启闭阀，灭火器中的液态二氧化碳便会立即汽化并在高压作用下迅速喷出进行灭火。如果在室外灭火，操作人员要注意不能逆风使用 MT 型二氧化碳灭火器。

注意：在空气不流通的火场使用 MT 型二氧化碳灭火器后，必须及时做好场地通风。MT 型二氧化碳灭火器在灭火时要连续喷射以防止余烬复燃，不可颠倒使用。MT 型二氧化碳灭火器应放置在明显、方便取用的地方，不可放置在采暖或加热设备附近及阳光强烈照射的地方，存放温度不要超过 55℃。

（3）MF 型手提式干粉灭火器。MF 型手提式干粉灭火器为储气瓶式，其原理是：以高压二氧化碳为动力，由喷射筒内的干粉进行灭火。MF 型手提式干粉灭火器按照充装的干粉质量可分为 MF1、MF2、MF4、MF5、MF8、MF10；按照充装物质可分为碳酸氢钠干粉灭火器和磷酸铵盐干粉灭火器。

碳酸氢钠干粉灭火器适用于扑救易燃、可燃液体及带电设备的初起火灾；磷酸铵盐干粉灭火器除可用于上述几类火灾外，还可用于扑救固体物质火灾。但是，两者都不适宜扑救轻金属火灾。

MF 型手提式干粉灭火器在使用前，先将筒体上下颠倒几次使干粉松动，然后再开气喷粉灭火效果更佳。使用时先拔去保险销，操作人员一只手握住喷嘴，另一只手提起提环（或提把），按下灭火器压柄即可喷射。在扑救地面油火时，要采取平射的姿势，左右摆动、由近及远、快速推进。

MF 型手提式干粉灭火器应放置在干燥通风的地方，存放环境温度在-10～55℃之间，防止干粉受潮变质；干粉灭火器还要避免日光暴晒和强辐射热，以防失效。

推车式干粉灭火器与手提式干粉灭火器的使用方法、维护保养基本相同。

（4）MY 型手提式 1211 灭火器。1211 是二氟一氯一溴甲烷的代号，分子式为 CF_2ClBr。MY 型手提式 1211 灭火器将液态灭火剂罐装在高压钢瓶内，是我国目前使用最为广泛的一种卤代烷灭火器。

MY 型手提式 1211 灭火器属于储压式一类，其原理是：利用装在筒内的氮气压力，将 1211 灭火剂喷射出去进行灭火。按照充装灭火剂量可分为 0.5 kg、1 kg、2 kg、3 kg、4 kg、6 kg 六种型号规格。

1211 灭火剂是一种低沸点的液化气体，具有灭火效率高、毒性低、腐蚀性小、久储不变质、灭火后不留痕迹、不污染被保护物、绝缘性能好等优点。MY 型手提式 1211 灭火器主要用于扑救易燃、可燃液体或气体及带电设备的初起火灾，精密仪器仪表、贵重物资、珍贵文物、图书档案等初起火灾，飞机、船舶、车辆、油库、宾馆等场所固体物质的表面初起火灾。

MY 型手提式 1211 灭火器使用方法：使用时首先拔掉灭火器安全销，然后将灭火器喷嘴对准火焰根部，最后握紧灭火器压把进行喷射。灭火要由近及远、快速向前推进；要防止回火复燃，零星小火则可采用点射。MY 型手提式 1211 灭火器进行灭火时要注意保持其处于直立位置，不可水平或颠倒使用。

MY 型手提式 1211 灭火器应每隔半年检查一次灭火器上的压力，如果压力表指针指示在红色区域内应立即补充灭火剂和氮气。MY 型手提式 1211 灭火器应存放在通风、干燥、取用方便的地方，储存处的环境温度为-10～45℃。MY 型手提式 1211 灭火器不得存放在采暖或加热设备附近及阳光强烈照射的场所，以免变质失效。

技能要求

常用灭火器识别和操作

一、器材准备

手提式灭火器（见图4—2）共4个，其中：

1. 手提式化学泡沫灭火器1个。
2. 手提式二氧化碳灭火器1个。
3. 手提式干粉灭火器1个。
4. 手提式1211灭火器1个。

图4—2　手提式灭火器

二、操作要求

1. 能够正确识别灭火器。
2. 各灭火器操作采取正确的步骤，所有操作符合规定。
3. 能够正确说出灭火器用途。
4. 操作应采取正确的步骤、方法，所有操作符合规定。

三、操作准备

1. 模拟火灾现场环境。

2. 将手提式化学泡沫灭火器、手提式二氧化碳灭火器、手提式干粉灭火器、手提式1211灭火器布置好。

四、操作步骤

1. 正确识别4种常用灭火器。

2. 正确说出各灭火器的用途。

3. 在模拟火灾现场环境中，正确选用并操作某种（随机抽一）手提式灭火器进行灭火，根据步骤填写评价记录表（见表4—9）。

表4—9　　评价记录表

序号	项目		结果统计	
1	灭火器识别		全对（ ）	错误　个
2	灭火器用途判别		全对（ ）	错误　个
3	灭火器操作规范正确	灭火器操作步骤	对（ ）	错（ ）
		人站在火堆旁位置	对（ ）	错（ ）
		灭火器灭火位置	对（ ）	错（ ）

五、注意事项

1. 按规定做好个人安全防护。

2. 做好5S管理。

练习与检测

一、判断题

1. 树脂的主要作用是将涂料中的各种物质黏合在一起并和其他物质共同构成涂料的性能。（　）

2. 在选择溶剂时，考虑的因素主要有打磨性和挥发性。（　）

3. 醇酸涂料所形成的干涂膜打磨性差，但干燥快。（　）

4. 双组分丙烯酸聚氨酯涂料只要严格按照厂家要求的比例调配漆基和固化剂即可，不需要调节喷涂黏度。（　）

5. 由于硝基涂料耐久性好、外观理想，因此目前在汽车修补领域被广泛应用。（　）

6. 在灭火器的字母表示中，没有第三个字母表示手提式。（　）

二、单项选择题

1. 涂料最基本的组成物质是（　），常被称为“成膜物”。

A. 树脂　　B. 颜料　　C. 溶剂　　D. 添加剂

2. 对于不含颜料的清漆，其全名一般是由（　　）名称加上基本名称组成的。

A. 溶液　　B. 涂料　　C. 添加剂　　D. 成膜物质

3. 汽车修补涂料可分为（　　）等。

A. 腻子、底漆、面漆　　B. 底漆、面漆

C. 底漆、面漆、清漆　　D. 底漆、中涂底漆、面漆

4. 目前在汽车修补涂装领域应用最广泛的产品体系是（　　）。

A. 醇酸涂料　　B. 硝基涂料

C. 环氧树脂涂料　　D. 双组分丙烯酸聚氨酯涂料

5. 存放涂料的库房必须专用，涂料不得与其他物品存放在一起，库房内的照明应该使用（　　），开关应该安装在库房外面，防止开或关时产生电火花而引起火灾。

A. 普通照明灯　　B. 节能灯　　C. 防爆灯　　D. 荧光灯

6. 用字母 MP 表示的灭火器是（　　）灭火器。

A. 酸碱式　　B. 清水式　　C. 泡沫式　　D. 化学反应式

三、简答题

1. 简述汽车涂料的基本组成及其主要作用。

2. 简述汽车涂料在汽车车身表面形成涂膜的原理。

3. 常用灭火器分为哪几类？用途有哪些区别？

练习与检测答案

一、判断题

1. √　　2. ×　　3. ×　　4. ×　　5. ×　　6. √

二、单项选择题

1. A　　2. D　　3. D　　4. D　　5. C　　6. C

三、简答题

略

5

第 5 章

调色基础与图案制作

知识要求

第1节　调色基础

学习目标

通过本节的学习培训，学员能够：

（1）了解色彩的基本作用、三要素及其影响因素。

（2）熟悉汽车色彩的用途。

（3）掌握色彩调配的基础知识。

（4）掌握按标准工艺对色彩进行调配。

一、色彩组成和辨别方法

1. 色彩组成

（1）光的概念。光在任何一种介质里总是沿直线传播的。光具有反射、折射、干涉、衍射等物理特性。

光的反射是指光传播到不同物质时，在分界面上改变传播方向又返回原来物质中的现象。光遇到水面、玻璃和其他许多物体的表面都会发生反射。光的反射定律如图5—1所示：反射光线与入射光线、法线在同一平面上，反射光线和入射光线分居在法线两侧，反射角等于入射角。为方便记忆，光的反射定律可归纳为：三线共面，两线分居，两角相等。在光的反射现象中，光路是可逆的。

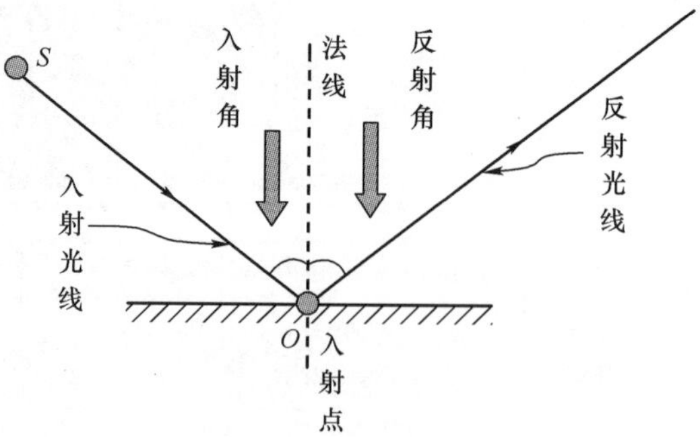

图5—1　光的反射定律

从物理学意义上讲，光是一定波长范围内的一种电磁辐射。光有不同的波长和振幅。电磁辐射的波长范围很大，从最短的宇宙射线到最长的交流电，其中只有很窄的波段（380~780 nm）能够作用于我们的眼睛并引起视觉，通常被称为可见光。在可见光光波范围外，还存在看不见的红外线、紫外线等。

（2）色彩和光的关系。人们必须借助光，才能看到物体的色彩，在没有光线的暗室里人们什么都看不见。所有本身不发光的物体，只有在光线的作用下才能呈现色彩。

光是人们感觉所有物体形态和色彩的唯一物质。色彩是由物体化学结构所决定的一种光学特性，是光作用于人眼引起的除形象以外的视觉特性。

物体对光线选择性地吸收、反射、透射而产生色彩。如果物体吸收了太阳光中所有波长的可见光，则物体呈现黑色；如果物体反射了所有波长的可见光，则物体呈现白色；如果物体能全部透射太阳光，则物体就是无色透明体；如果物体只反射（透射）一部分波长的可见光，而其余波长的可见光被吸收，则物体呈现反射（透射）光的色彩。

2. 色彩辨别方法

色彩作用于人的眼睛，刺激视神经引起兴奋，兴奋传至中枢神经而产生色彩的感觉。不同色彩引起人不同的生理和心理状态。

光是产生色彩感觉的物理基础，而眼睛的视觉特性则是产生色彩感觉的生理基础。

（1）影响物体色彩的三大要素。观察者（人类的眼睛）、光源和物体是影响物体色彩的三大要素，如图 5—2 所示。这三大要素中任何一个发生改变，物体所产生的色彩也随之发生改变，它们之间是相互影响的。

a)　　b)　　c)

图 5—2　影响物体色彩的三大要素

a）观察者（人类的眼睛）　b）光源　c）物体

当观察者和光源保持不动，物体的色彩将完全由其所反射的光的波长决定。当物体和观察者保持不变，而只有光源改变时，物体的色彩也会发生改变。例如，在低压钠灯下（相当于路灯）时，红色是最容易发生异构的色彩（见彩图 1），这是由于物体反射的是其他波长的光。

由于生理、心理状态不同，人对光线刺激眼睛的敏感程度也不一样，因此，即使光源和物体保持不变，两个观察者见到的色彩也会略有不同。

（2）色彩的三大属性。可以通过色相、明度、彩度这三大属性来完整、准确地描述一个色彩。

1）色相。色相是区分不同色彩的视觉属性。它取决于光源的光谱组成，以及物体表面对于各种波长可见光的反射比例，是表示物体色彩在“质”方面的特性。

色相是色彩的第一种属性。三原色（此处指颜料三原色）是指色彩中不能再分解的三种基本颜色，即品红、黄、青。几乎所有的色彩都可以用它们调配出来。

三原色按 1∶1 的比例两两混合，调配出的色彩称为“三间色”。三原色和三间色见彩图 2。

以上 6 种色相统称为 6 种基本色相。

2）明度。明度是人眼对物体明亮程度和反射光强度的感觉，是表示物体的颜色在“量”方面的属性。

明度是色彩第二个最容易分辨出的属性，是一种计量单位。它随光辐射强度的变化而变化，表明色彩呈现出的深浅或明暗程度。

3）彩度。物体反射出的光线单色性越强，物体色彩的彩度值越高。

在目前色彩设计技术中，美国实用艺术家和教育学家孟赛尔（Munsell）所创立的孟赛尔色彩系统使用最广泛。该色彩系统既可以精确地排列和描述色彩，又留有极大的发展空间，方便后人不断地完善。孟赛尔色彩系统模型见彩图 3。

（3）色彩与汽车的联系

1）色彩的进退性。所谓色彩的进退性就是指前进色和后退色。例如，有红、黄、蓝、绿共 4 种色彩的轿车与观察者保持相同的距离，但是看上去似乎红车和黄车要离观察者较近，而蓝车和绿车看上去离观察者较远。这说明红和黄是前进色，而蓝和绿是后退色。一般来讲，前进色的视认性较好。

2）色彩的胀缩性。所谓色彩的胀缩性是指相同车身涂上不同的色彩，会产生体积大小不同的感觉。例如，黄会让人感觉大一些，具有膨胀性，称为膨胀色；而同样体积的蓝、绿会让人感觉小一些，具有收缩性，称为收缩色。

膨胀色与收缩色视认效果不一样。据日本和美国车辆事故调查统计：发生事故的轿车中，蓝车和绿车最多，而黄车最少。可见，膨胀色比收缩色的视认性要好。

3）色彩的明暗性。色彩的明暗性是指色彩在人们视觉中的亮度是不同的，可分为明色和暗色。例如，红、黄为明色，明色的视认性较好。暗色的车看起来让人觉得小一些、远一些和模糊一些。

从安全角度考虑，轿车以视认性好的明色为佳。有些视认性不太好的暗色色彩，如果进行合理搭配也可提高其视认性，如蓝色和白色搭配视认性就大为改善。

荧光漆和夜光漆能增强色彩的明暗性和娱乐气氛，因而被广泛应用于各种赛车、摩托车等。但对于轿车来说，目前选用这类色彩的仅限于概念车；另外，由于荧光漆色彩过于强烈，因此在应用中必须加以控制。

4）色彩的感知性。如果说车身色彩选择对驾驶员的行车安全具有举足轻重的作用，那么汽车内饰色彩选择也同样影响着行车安全。不同内饰色彩选取对驾驶员的情绪有影响作用，如采用明快的配色能给人以一种宽敞、舒适的感觉。汽车内饰在夏天最好采用冷色调，在冬天最好采用暖色调，如此可以调节驾驶员的冷暖感觉。

冷暖色系除具有明显的心理暗示以外，色彩的明度与彩度也会引起对色彩物理印象的错觉。一般来说，色彩的重量感主要取决于色彩的明度。暗色给人重的感觉，明色给人轻的感觉。明度与彩度的变化给人以色彩软硬的印象，如淡的亮色使人觉得柔软、暗的纯色则有强硬的感觉等。恰当地使用色彩装饰，可以减轻驾驶员疲劳，从而减少交通事故的发生。

二、主色、次色、副色的区别

1. 主色、次色、副色的作用

主色指明物体色彩的主要方向。主色在色彩配方当中占比最大，占 50%~70%的比例。调色中主色用色相来比较。

次色是与主色搭配的色彩，在色彩配方中占 30%~40%的比例。次色主要控制色彩的鲜艳程度、提升色彩的鲜明性。

副色通常起画龙点睛的作用。副色是在色彩配方中占比最小的色系，占总配方的 10%~20%。调色时副色用明度来替代，主要控制色彩的明暗度。

2. 判别主色、次色、副色的方法

通过色彩对比突出主色和汽车的特点。把某些色彩并置在一起，常得到色彩之间的反衬效果，使色彩在色相、明度、彩度等方面互相衬托、互相补充，在视觉上形成鲜明、有层次的色彩感觉，这种现象称为色彩对比。色彩相互配合能够产生对比效应的称为对比色。色彩对比又分为色相对比、明度对比和彩度对比。

（1）色相对比。因色相差别而形成的色彩对比，称为色相对比。色相对比时，其明度和彩度是一定的。色相对比的强弱，决定于色相在色环上的距离远近。距离越近对比越弱，距离越远对比越强。24 色色相环见彩图 4，6 色色相环见彩图 5。

色相对比又分为同类色对比、邻近色对比、对比色对比、互补色对比等。

1）同类色对比。在 24 色色相环上任选一色，与其在 15°之内相邻近的色相对比，称为同类色对比。同类色的色相接近，共同的色相成分较多，如黄与黄偏橙、黄与黄偏绿、绿与绿偏蓝，蓝与蓝偏紫、红与红偏紫等。

同类色相对比，色相统一，变化不大，可形成优雅、微妙的色彩效果。

2）邻近色对比。在24色色相环上任选一色，与距此色相60°左右的色相进行对比，称为邻近色对比，或称类似色对比。例如，黄与橙、黄与绿、蓝与紫、紫红与紫、绿与蓝绿等。

邻近色对比的特点是均含有共同色素，共同色素越少，色相差别越大，色彩对比越明快。邻近色对比可以组成活泼、艳丽的色相。

3）对比色对比。在24色色相环上任选一色，与距此色相120°左右的色相进行对比，称为对比色对比。例如，黄与蓝紫、绿与紫红、红与黄绿、紫与绿黄、蓝与黄橙等。

对比色对比的特点是均不含共同色素，色彩差异更鲜明、强烈。在2种色彩连接处，不但呈现浓者更浓、淡者更淡的效应，而且它们都表现出向各自邻近色转移的倾向。例如，红与黄并置时，红略呈紫色（红的邻近色是紫），而黄略带绿晕（黄的邻近色是绿）。

4）互补色对比。在24色色相环上任选一色，与另外一间隔180°的色相对比，称为互补色对比。例如，红与绿、紫与黄、蓝与橙等。

互补色对比的特点是两色之间不含共同色素，能相互反映衬托，最大程度地突出对方，是最刺激视觉、最强烈的对比关系。

（2）明度对比。明度对比包括相同色相和不同色相之间由于明暗差别而产生的色彩对比。人对不同色相明度的感觉排序见彩图6。

色彩对比的强弱取决于色相之间明度差别大小。明度差别越大，则对比越强。明度差别越小，则对比越弱。

明度对比在图案设计中非常重要。图案的层次及空间关系主要以色彩明度对比来表现。例如，浅色图案配深色底，深色图案配浅色底，一明一暗，能衬托出清晰的图案。

如果用不同深浅和明度的色相来找明度基调，可将某色彩加不等分量的黑或白混合成9个等差明度色标，并划分高、中、低3种基调。1为最暗色，逐渐向亮色推移，9为最亮色。1~3为低明度，4~6为中明度，7~9为高明度。

1）明度强对比。明度强对比是指2种色彩明度相差6级以上的对比，又称长调对比。例如，用最暗的1与最亮的9配色，明暗对比最强烈；或用1与8、2与8并置配色等。这种对比最明快、最清晰、最有刺激性。商标、广告、路标、牌匾和其他指示标志、符号等色彩设计均经常采用明度强对比，以吸引人们的注意力达到宣传目的。

2）明度中对比。明度中对比是指2种色彩明度相差4~5级的对比，又称中调对比。例如，用最亮的9同明度属灰色相的5，或用4与8、3与7等配色，会有一定色差度（适中）。这种对比使图案形象明确、清晰、刺激性不大，比较明快。一般将车身的浅色图案镶以深色边或深色图案镶浅色边进行明度中对比，给人以和谐、明快的感觉。

3）明度弱对比。明度弱对比是指2种色彩明度相差3级以内的对比，又称短调对比。

例如，用1与2、3与5、8与9、5与6等配色。这种对比含蓄、柔和，图案形象不清晰，一般用在室内装潢、地毯等的图案设计中。弱对比调配得当，给人以典雅、恬静、协调、高贵的感觉。

（3）彩度对比。彩度对比是指色相之间因彩度差别而形成的对比关系。一般是指鲜艳色与含灰色（浊色）的对比关系。

如果用黄与黑2种色相混合成9个等差彩度色标，由黑至黄。那么，1~3为低彩度基调，4~6为中彩度基调，7~9为高彩度基调。主要色相、明度和彩度变化见表5—1。

表5—1　　主要色相、明度和彩度变化

色相	红	橙	黄	黄绿	绿	青绿	青	青紫	紫	紫红
明度	4	6	8	7	5	5	4	3	4	4
彩度	14	12	12	10	8	6	8	12	12	12

1）彩度弱对比。彩度弱对比是指彩度相差在3级以内的色彩对比。在9级色标中，1与3、3与5、4与5之间的对比均为彩度弱对比。例如，鲜红与混入少量白的红色产生灰红、黄与混入少量白的黄色产生灰黄等，产生的灰红与灰黄均为彩度弱对比。

2）彩度中对比。彩度中对比是指彩度相差4~6级的色彩对比。在9级色标中，1与5、3与8、2与7均为彩度中对比。例如，鲜红与灰红、鲜黄与灰黄、鲜绿与灰绿等色彩对比。

3）彩度强对比。彩度强对比是指彩度相差7~9级的色彩对比。在9级色标中，1与8、2与9均为彩度强对比。例如，鲜红与含大量灰的灰红、鲜蓝与含大量黑的暗紫、鲜黄与含大量灰的灰黄等色彩对比。在图案中运用灰色相来衬托鲜艳色相，具有强烈、鲜明、色相感强的特点。

4）鲜彩度对比。鲜彩度对比是指彩度比较高的色彩并置使用。例如，鲜红与鲜蓝、鲜绿黄与鲜橙等色彩对比。这种色彩对比非常漂亮鲜艳，使图案艳丽活泼、明快刺激。

第2节　图案制作

学习目标

通过本节的学习培训，学员能够：

（1）了解图案制作的基础知识。

（2）熟悉图案制作的基本原理。

（3）掌握图案制作的基本步骤和技巧。

（4）熟练制作单色图案。

一、线条型图案制作

线条型图案是指整个图案基本由直线和圆弧这种简单的线条组成，它们大多制作在车辆的整个车身表面。线条型图案如图 5—3 所示。线条型图案的制作要求是：尺寸正确、线条清晰、各色交界分明、整体清晰整洁。

图 5—3　线条型图案

喷涂时注意做好个人安全防护措施，如图 5—4 所示。线条型图案制作的具体步骤如下：

1. 尺寸定位和遮盖

（1）检查面漆是否干燥。

（2）用干净棉布擦净车身表面灰尘。

（3）按设计图纸的尺寸、位置要求，用特种铅笔（无蜡质铅芯铅笔）和图样样板将图案的轮廓、尺寸、位置准确地标注在车身上。样板定位如图 5—5 所示。

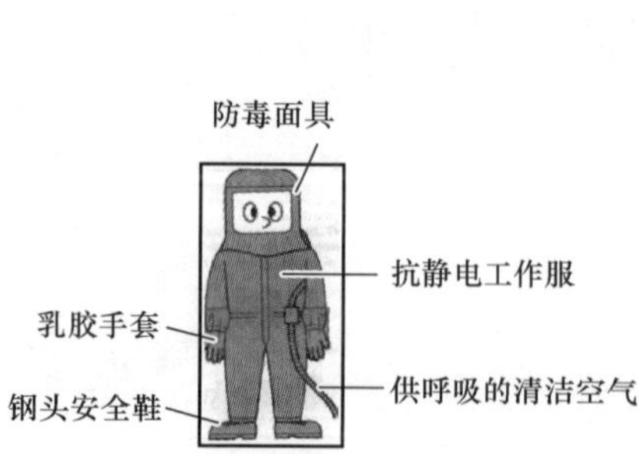

图 5—4　喷涂个人安全防护

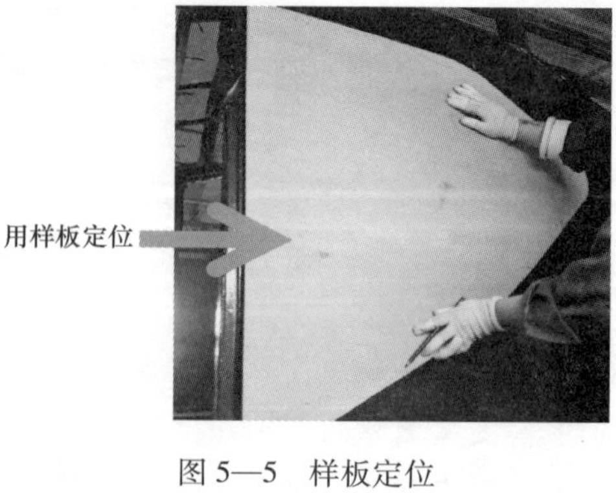

图 5—5　样板定位

（4）贴护彩条图案。固定图案轮廓线如图 5—6 所示。

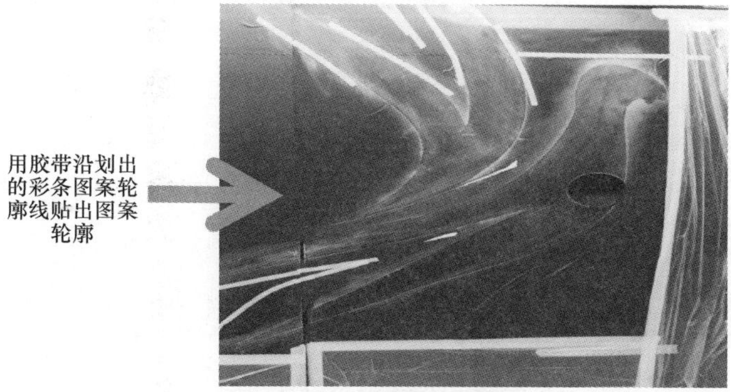

图 5—6　贴护图案轮廓线

（5）用遮盖纸及美纹胶带贴护整车无须喷彩条的区域，遮盖效果如图 5—7 所示。

图 5—7　遮盖效果

（6）按图纸及施工要求检查车身漆色图案的布置和贴护。

2. 图案区域处理

（1）用气动打磨机粘贴 P400 砂纸，将整车待喷彩条图案的区域均匀打磨。较小的线条区域使用百洁布、砂纸手工打磨。

（2）用压缩空气、除尘布将打磨区域的浮灰清理干净。

3. 整理

（1）将样板放置在与车型编号对应的样板料架上。

（2）将工作场地整理干净。

（3）将剩余的胶带纸、遮盖纸、即时贴交回库房保管。

4. 喷前准备

（1）检查车身非彩条图案喷涂区域是否遮盖完全，如有遮盖部位遗漏，必须补遮盖。

（2）喷涂部位如有缺陷应进行及时修补，如图 5—8 所示。

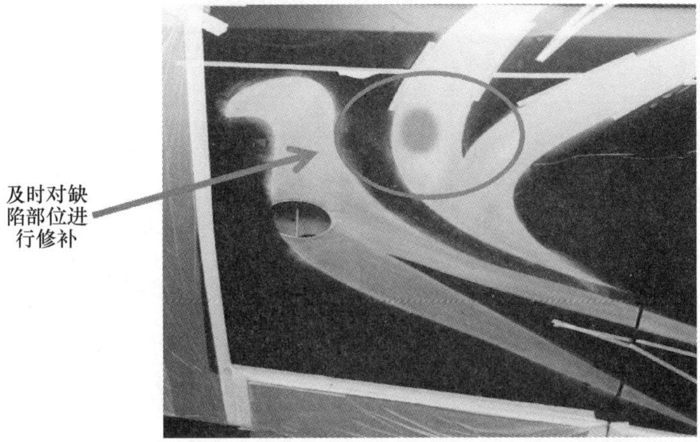

图 5—8　缺陷修补

（3）用压缩空气、除尘布将彩条打磨区域表面吹擦干净。

（4）用聚氨酯漆稀释剂清洗喷枪，将清洗后的残余稀释剂倒入废漆桶内，按规定存放。

（5）领取色彩面漆及纸质过滤网（喷面漆时过滤需要使用）。

（6）喷漆前将调配好的漆料充分搅拌均匀，黏度在 16~18 s（涂-4 黏度计、20℃）。

（7）调整喷枪的气压及出漆量。

（8）确保压缩空气管接头与喷枪进气管接头接插牢固。

5. 喷涂色漆

（1）采用领取的纸质过滤网过滤彩条素色漆。

（2）按图纸要求喷涂 2~3 道彩条面漆，道间闪干 5~10 min。喷涂色漆过程如图 5—9 所示。

6. 漆后整理

（1）用聚氨酯漆稀释剂清洗喷枪，将清洗后的残余稀释剂倒入废漆桶内，按规定存放。

图 5—9　喷涂色漆过程

（2）关闭喷漆房风机、水循环系统、灯光照明系统。

（3）车身湿涂膜静置 15~20 min 后，打开喷漆房大门，车身转入下道烘烤工序。

（4）将剩余聚氨酯稀释剂和油漆送回调漆间按规定管理。

二、标志型图案制作

标志型图案一般是指较小的司标或者标志、指示牌（见图 5—10）之类的图案。

图 5—10　指示牌

下面以指示牌图案——手套（见图 5—11）为例，讲述标志型图案的制作步骤。

图 5—11　指示牌图案——手套

1. 板材准备

（1）用 P240 砂纸将金属板材表面打磨均匀并进行清洁，即表面粗化，如图 5—12 所示。

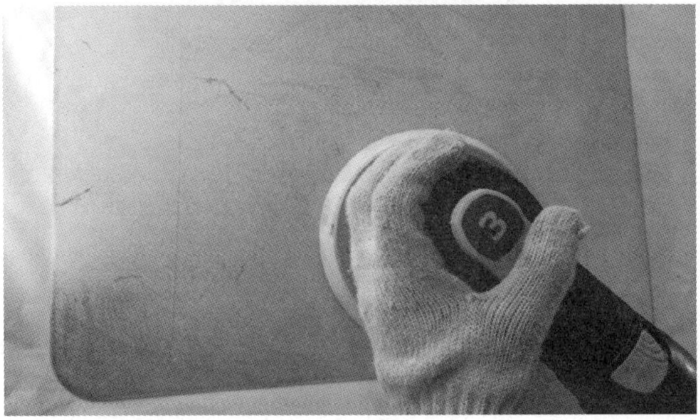

图 5—12　表面粗化

（2）将经过表面粗化的金属板材用除油剂清洁表面，再贴上即时贴，如图 5—13 所示。

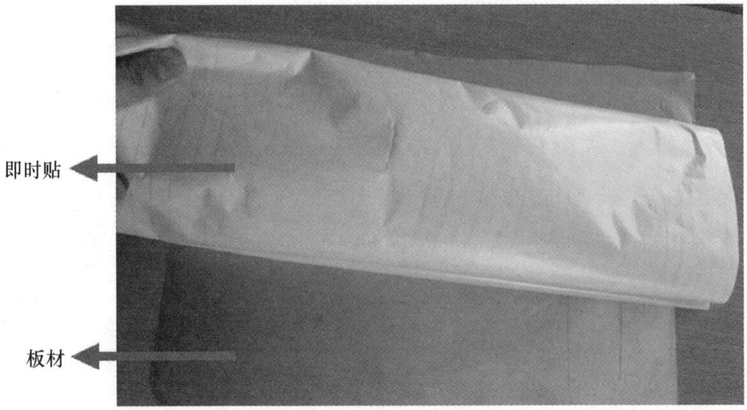

图 5—13　贴上即时贴

2. 图案定位

将图案样纸用胶带固定在板材表面，如图 5—14 所示。此处的图案样纸模板采用 A3 纸打印。

3. 刻制图案轮廓线

刻制图案轮廓线是指用刻刀将图案样纸上的线条全部刻穿至金属板材的表面，如图 5—15所示。

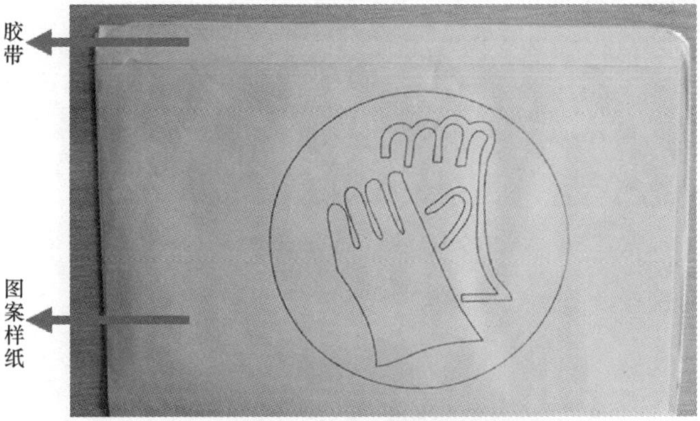

图 5—14　固定图案样纸

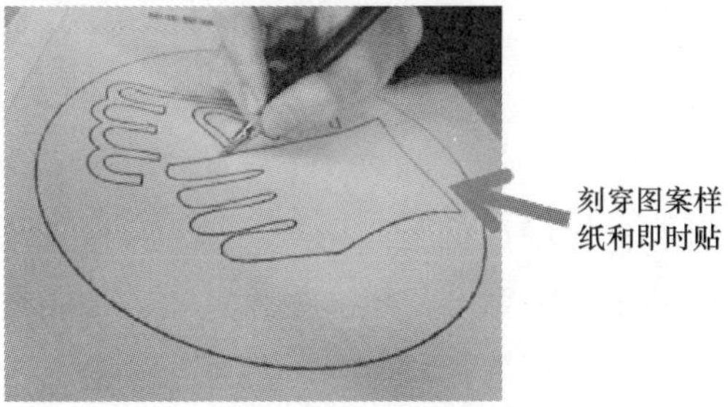

图 5—15　刻制图案轮廓线

4. 喷前准备

（1）撕去图案样纸，并将需要喷涂色漆部位的即时贴撕去，如图 5—16 所示。

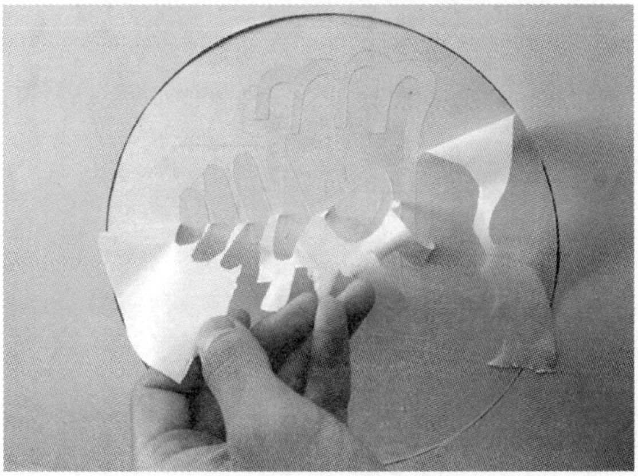

图 5—16　喷前准备

（2）撕去需要喷涂色漆部位的图案样纸和即时贴后，检查图案边口是否有翘边现象，以及图案边口是否有缺口，清理表面等待喷涂。待喷状态如图 5—17 所示。

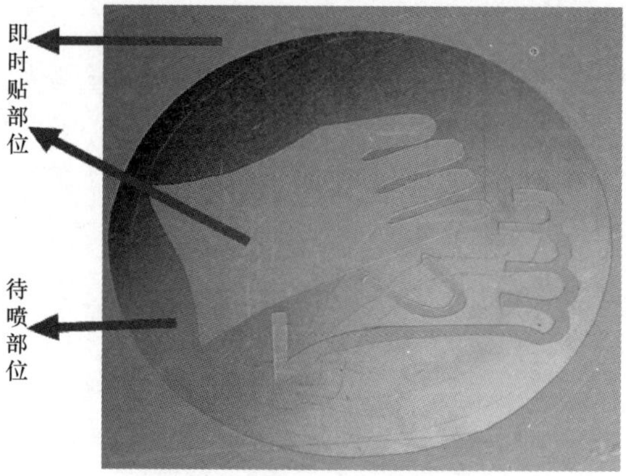

图 5—17　待喷状态

5. 喷涂

（1）按所用涂料技术标准比例配制色漆。

（2）将施工黏度调至 19~21 s（涂-4 黏度计、20℃），并用细筛网过滤所用色漆。

（3）喷涂第一道时，要求薄而均匀，不宜喷得太厚，喷完后间隔 5~10 min。

（4）喷涂第二道时应比第一道喷得厚些，这样才能达到一定的膜厚。喷涂效果如图 5—18 所示。

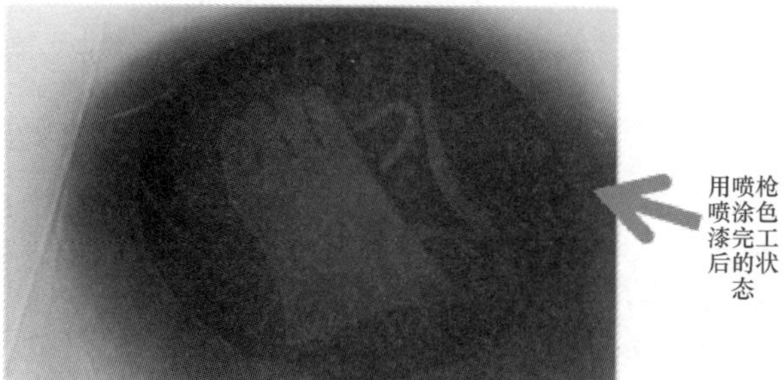

图 5—18　喷涂效果

6. 干燥

用红外线烤灯将喷完的图案烘烤 3 min，或自然干燥 10 min 左右，使其达到表干状态，如图 5—19 所示。

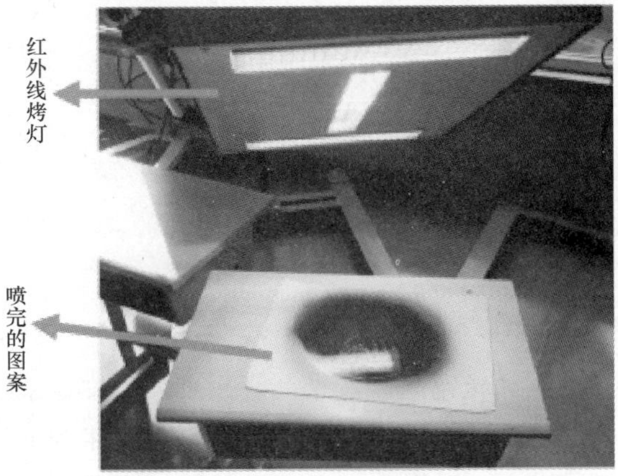

图 5—19　干燥

7. 喷后整理

将表干状态图案表面的即时贴全部撕去，如图 5—20 所示。图案制作完工效果如图 5—21 所示。

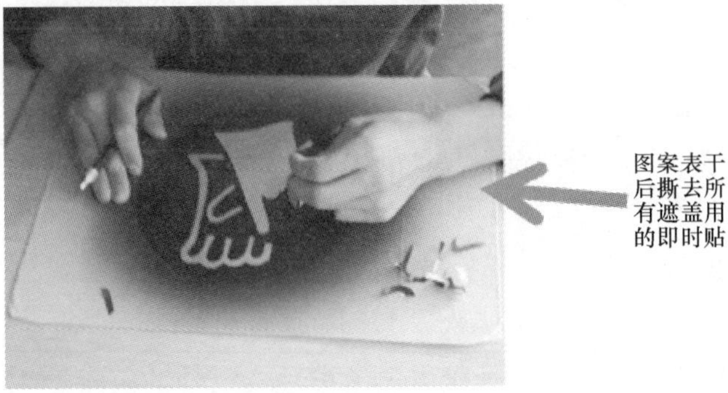

图 5—20　喷后整理

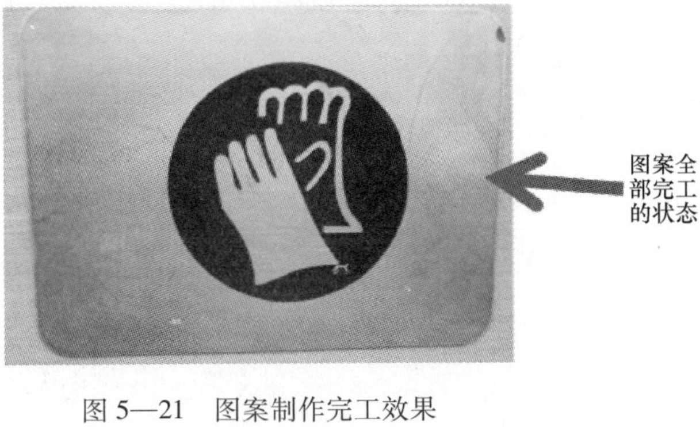

图 5—21　图案制作完工效果

技能要求

色彩调配

一、操作准备

1. 器材

（1）调色间（30~40 m^2）：日光充足、采光良好、有强通排风系统。

（2）调色设备（工具）：电子秤 1 台、调色台 1 个、调色杯 2 个、调色尺 1 把、色彩样板 1 块等。

2. 自干漆：红、黄、蓝、白、黑 5 种色彩（见彩图 7）各 100 g，及其配套稀释剂。

二、操作要求

1. 在 5 种色彩的自干漆（红、黄、蓝、白、黑）中，根据色样选择 2 种色彩，调配成 12 块样板色（见彩图 8）中的某一种素色漆（现场随机抽一）。

2. 调配时对比色彩采用试喷样板的方法，但喷涂试板最多 2 块，自选 1 块作为最终完成考件。

三、操作步骤

1. 选择色漆，并进行微调。

2. 完成色彩调配。

四、注意事项

1. 考试时间段内只能调配 1 次。

2. 调配的色漆内不能存在所选择的 2 种色彩以外的色漆。

3. 喷涂的样板应无大面积流挂、漏喷、发花的现象。

4. 调配后的色漆控制在（200±5）g 以内。

简单图案制作

一、器材准备

1. 制作图案标准样纸（A3 纸）1 张。

2. 制作图案工件 1 块。

3. 制图设备（工具）：喷漆房 1 间，面漆喷枪、清漆喷枪各 1 把，烤灯 1 台，喷涂所需涂料若干，A3 纸大小的即时贴 1 张，A3 纸大小的转移膜 1 张。

二、操作要求

1. 制作的图案尺寸应与样板图案相同。

2. 图案中漆色覆盖应均匀。

3. 各色分界线分明，无模糊不清现象；线条无缺口、粗细不均现象。

4. 整图尺寸准确。

三、操作准备

制作图案工件准备：喷过双组分面漆的车门板、翼子板，或者不小于 40 cm×50 cm 大小的金属板材。

四、操作步骤

1. 随机确定 1 个图案为样板图案。

2. 按样板图案 1∶1 尺寸，将图案制作在规定的板材表面。

3. 样板图为黑白图，色彩由教师现场指定，但必须采用单组分自干漆喷涂。

4. 填写简单图案制作任务评价表（见表 5—2）。

表 5—2　　　　简单图案制作任务评价表

序号	内容及要求	评分(分)	评分标准	自评(分)	组评(分)	师评(分)	得分(分)
1	佩戴个人防护用品：过滤式防毒面具、护目镜、乳胶手套、安全鞋、防静电工作服	10	在操作过程中有一项防护用品佩戴错误或未戴，分数全扣				
2	规范操作	5	刻制图案或字体方法正确				
		5	描图描字方法正确				
		5	遮蔽方法正确				
		5	喷涂方法正确				
3	图案制作效果	60	完成后图案或字体表面不清晰扣 5 分				
			图案或字体线条弧线不圆滑、宽窄不相等扣 5 分				
			图案或字体线条边口有锯齿痕扣 5 分				
			图案或字体线条直线不平顺、宽窄不相等扣 5 分				
			图案或字体色彩位置不正确扣 10 分				
			图案或字体表面漆色无露底扣 5 分				

续表

序号	内容及要求	评分(分)	评分标准	自评(分)	组评(分)	师评(分)	得分(分)
3	图案制作效果	60	图案或字体尺寸不符合比例要求扣10分				
			图案或字体以外部位有杂漆扣5分				
4	安全文明生产	10	无安全隐患，无违章操作，否则此项不得分				
指导教师总体评价							

五、注意事项

1. 按规定做好个人安全防护。
2. 注意设备场地安全。
3. 做好5S管理。

练习与检测

一、判断题

1. 标志型图案一般是指大型的司标或者标志、指示牌之类的图案。（　　）
2. 当物体吸收了太阳光中所有波长的可见光，物体呈现白色。（　　）
3. 色彩的明暗性是指色彩在人们视觉中的亮度是相同的。（　　）
4. 色相、明度和彩度是色彩的三大属性。（　　）
5. 线条型图案的制作要求是：尺寸正确、线条清晰、各色交界分明、整体清晰整洁。（　　）
6. 彩度是人眼对物体明亮程度和反射光强度的感觉。（　　）

二、单项选择题

1. 影响物体色彩的三大要素是（　　）。

A. 色相、明度、彩度　　B. 光源、物体、眼睛

C. 环境、材料、涂料　　D. 涂料、添加剂、喷涂工艺

2. 主色指明物体色彩的主要方向，在色彩配方当中所占比例在（　　）。

A. 10%~20%　　B. 30%~40%

C. 50%~70%　　D. 80%~90%

3. 物体色相的“三原色”是指（　　）。

A. 品红、黄、青　　B. 红、黄、绿

C. 橙、绿、紫　　D. 红、黄、白

4. 喷涂时不属于个人安全防护措施是（　　）。

A. 空气式面罩　　B. 抗静电工作服

C. 安全鞋　　D. 帽子

5. 用红外线烤灯将喷完的图案烘烤（　　）min 左右，使其达到表干状态。

A. 1　　B. 3

C. 10　　D. 30

6. 标志型图案制作喷涂第一道时，要求薄而均匀，喷完后间隔（　　）min，喷涂第二道。

A. 5~10　　B. 10~15

C. 15~20　　D. 20~30

三、简答题

1. 简述线条型图案制作的步骤。

2. 简述线条型图案制作喷前的准备工作。

3. 简述标志型图案制作喷涂环节的步骤。

练习与检测答案

一、判断题

1. ×　2. ×　3. ×　4. √　5. √　6. ×

二、单项选择题

1. B　2. C　3. A　4. D　5. B　6. A

三、简答题

略

6

第 6 章

汽车修补涂装基础

知识要求

第 1 节　常用设备工具及材料使用

学习目标

通过本节的学习培训，学员能够：

（1）了解常用涂装设备基本原理。

（2）熟悉涂装施工工具使用方法。

（3）掌握涂装材料使用要求。

（4）初步掌握涂装施工工艺操作流程。

一、腻子刮涂工具

腻子（或称原子灰）的刮涂，需要用合适的刮涂工具。刮涂工具一般都比较简单，绝大部分是自制的。按其材料可分为牛角刮涂工具、塑料刮涂工具、橡胶刮涂工具；按其软硬程度可分为硬刮涂工具和软刮涂工具。

1. 硬刮涂工具和软刮涂工具

（1）硬刮涂工具。硬刮涂工具的材料大多为金属制作，适用于刮涂大的缺陷和有平整度要求的施工工序，如刮涂大的平面缺陷、凹坑等部位。由于其刮口有一定的硬度，故具有刮涂平整、工效高、材料省的特点。各种尺寸的硬刮涂工具如图 6—1 所示。

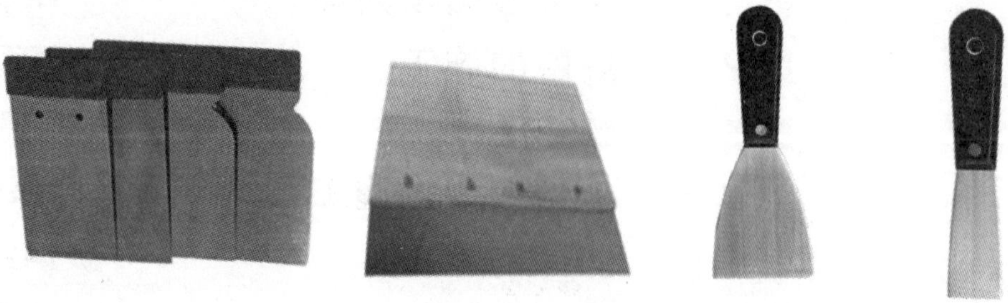

图 6—1　各种尺寸的硬刮涂工具

1）金属材质刮涂工具。金属材质刮涂工具有钢片刮板、轻质铝合金刮板和其他金属材料制成的刮板。金属刮板具有一定的弹性，其弹性程度可根据个人使用习惯、刮涂腻子的对象来选择。一般钢片刮板的厚度以0.3~0.4 mm为宜，大刮板的刮口宽度一般以120~150 mm为宜，小刮板的刮口宽度根据施工要求灵活制作。

金属材质刮涂工具制作方便、性价比高，是目前汽车维修业和大客车制造业中使用最多的一种刮涂工具。

2）塑料材质刮涂工具。目前，使用较广泛的塑料材质刮涂工具有硬聚氯乙烯及环氧树脂刮板，也可根据需要选择稍软一些的材料制成半硬刮板。

塑料材质刮涂工具的用料来源广、价格低，但耐磨性较差且温度对其柔软性影响较大。

3）牛角刮涂工具。牛角刮涂工具是以水牛角为原料制成的。牛角刮涂工具要求牛角纹理清晰、角质透明、弹性良好、无杂痕等。

由于牛角来源及宽度有限且易变形，使用后需要用夹具保管，故牛角刮涂工具现已被其他材质刮涂工具替代。

（2）软刮涂工具。软刮涂工具主要用于刮涂圆弧形状、圆柱形状和曲面形状的部位，以及要求以光滑度为主的部位。软刮涂工具如图6—2所示。

a)

b)

图6—2　软刮涂工具

a）橡胶刮板　b）塑料刮板

1）橡胶材质刮涂工具。橡胶材质刮涂工具是用耐油橡胶板制成的，刮口面磨成斜口，俗称橡皮刮板。橡胶刮板一般自行制作。大的橡胶刮板厚度为6~8 mm，刮口宽度以100 mm为宜；小的橡胶刮板厚度为3~4 mm，刮口宽度根据施工需要制作。

2）软塑料材质刮涂工具。软塑料材质刮涂工具一般是用软性塑料板制成的，刮口面磨成斜口，形状大小根据需要制作。其优点是刮涂的表面比较光滑，缺点是不太适合刮涂平面。

2. 使用注意事项

（1）刮涂工具要求有一定的弹性，刮口要平直、光滑，无缺口，无齿形、弧形、弓形等缺陷。

（2）刮涂工具使用完毕后，要立即用溶剂清洗干净，以免腻子聚集于刮板上固化后不易清洗，影响下次使用的效果。

（3）每次使用刮涂工具前，应检查刮口是否平直。如果有腻子残渣，可用 P400 砂纸打磨清除。

（4）目前，刮涂中使用较普遍的是聚酯腻子，对平面缺陷或凹坑较大的部位进行刮涂时应采用硬刮板。

二、打磨材料

在汽车涂装中，打磨材料往往是指各种材质制成的砂纸，用于清除旧涂层、打磨腻子层、除锈及漆面处理。砂纸是用各种不同细度的磨料黏结于纸上，制成各种细度不同的砂纸。

打磨材料黏结牢固程度是砂纸质量的一个体现，而操作人员选择合适的砂纸细度并正确使用才能达到最佳效果。

1. 磨料的种类

（1）氧化铝磨料。氧化铝磨料是一种非常坚韧的磨料，它的特点是能很好地黏附在纸上，不易破裂和钝化。

氧化铝磨料可制成不同细度的砂纸，用于除锈、清除旧涂层、打磨腻子层和新旧涂层等。氧化铝磨料硬度高、耐久性好、使用寿命长且不易在底层材料上产生较深的划痕，是目前使用较广泛的一种磨料。

（2）金刚砂（碳化硅）磨料。金刚砂（碳化硅）磨料是一种非常锐利、穿透力极强的磨料，呈黑色。它通常用于汽车旧漆面的打磨，以及抛光前对涂面的打磨。

（3）锆铝磨料。锆铝磨料是已开发的第三种磨料。锆铝具有独特的自磨增刃特性，在打磨操作过程中其自身不断地提供新的刀刃以提高工作效率和降低劳动力。

一般磨料在较硬的原厂罩光层上打磨会使涂层产生热量，被打磨的材料也会迅速变软并堆积在砂纸表面的磨料上，从而降低打磨效率。而锆铝磨料的自磨增刃特性和工作时产生热量少的特性大大减少了打磨阻力，减少了材料消耗，提高了工作效率和表面涂层质量。

2. 砂纸的种类

砂纸的种类有很多。根据研磨物质种类来分有金刚砂纸、人造金刚砂纸、玻璃砂纸等；根据研磨方式来分有干磨砂纸（木砂纸）、水磨砂纸等。干磨砂纸用于磨光木、竹器表面。水磨砂纸用于在水中或油中磨光金属或非金属工件表面。

汽车涂装中常用的砂纸有：

（1）圆形粘扣式砂纸。圆形粘扣式砂纸（见图 6—3）需要与电动机或气动打磨机配套使用。其常用直径尺寸以 5 in 和 6 in（1 in=2. 54 cm）居多。圆形粘扣式砂纸为魔术扣设计，快速粘扣式干磨托盘由高级母粘扣带制成，能紧扣打磨机的托盘，可重复使用，装卸方便灵活、省时省力。

圆形粘扣式砂纸由特殊底材和磨料制成，研磨速度快而平整，耐磨性、耐潮性良好。圆形粘扣式砂纸的常用规格为 P80~P3000。

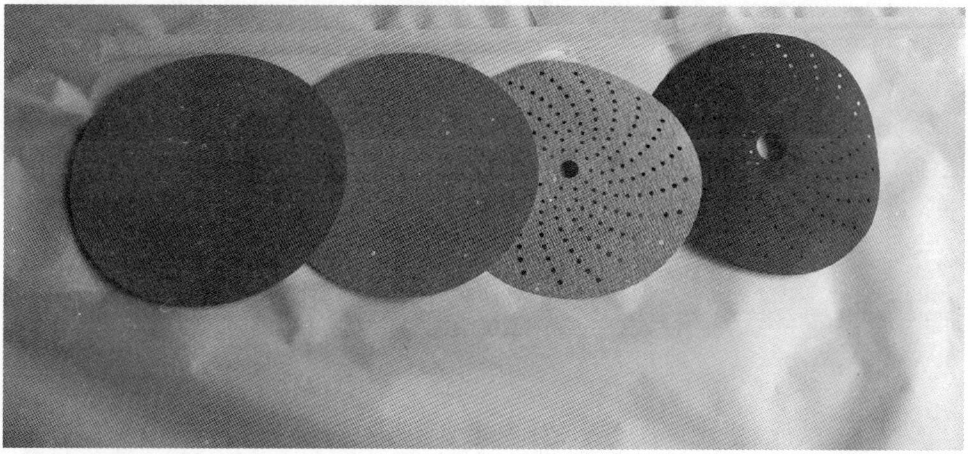

图 6—3　圆形粘扣式砂纸

（2）方形或长方形粘扣式砂纸。方形或长方形粘扣式砂纸属于快速粘扣式干磨砂纸。其中，长方形粘扣式砂纸如图 6—4 所示。

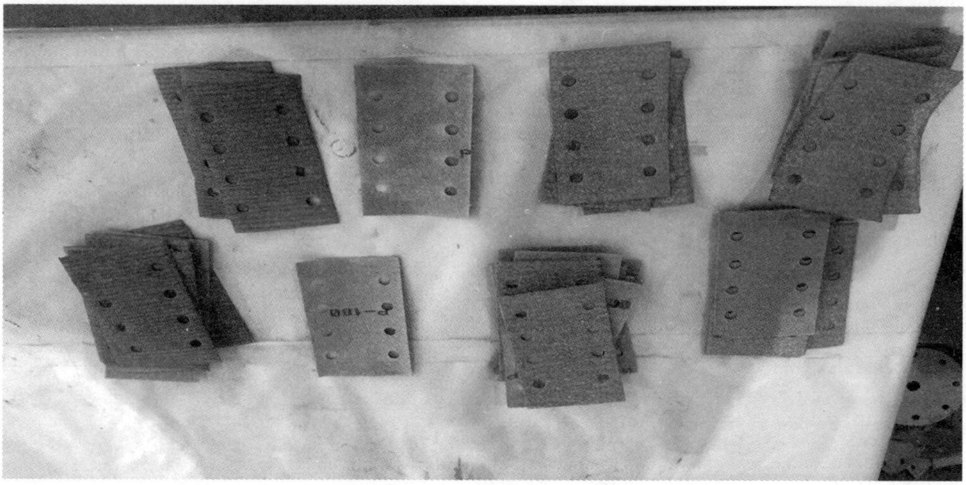

图 6—4　长方形粘扣式砂纸

（3）水磨砂纸。水磨砂纸（见图 6—5）是汽车修理厂最常用的砂纸之一，其大小规格约为 230 mm×280 mm。由于修理作业的不确定性，打磨部位的形状、大小往往不同，为了方便使用，可将砂纸裁成适合打磨需要的各种尺寸。

水磨砂纸湿磨时应先浸水。轿车制造企业一般将水磨砂纸在去离子水中浸泡 8～24 h，可防止手工打磨时水磨砂纸因折叠而引起脆裂。特别是在冬天气温低时，应用温水浸泡，以防止水磨砂纸脆裂。

图 6—5　水磨砂纸

3. 三维打磨材料

三维打磨材料是研磨颗粒附着在三维纤维或海绵上形成的打磨材料。这类材料有非常好的柔韧性，适合打磨外形复杂或特殊材料的表面，可用于各种条件下的打磨。

常用的三维打磨材料有百洁布（又称菜瓜布），其主要用于塑料喷涂前的粗化、驳口前涂膜的粗化，以及修补前去除涂膜表面的细小缺陷等。不同型号的百洁布如图 6—6 所示。

图 6—6　百洁布

三、打磨垫

打磨垫是使用砂纸打磨工件操作中必不可少的工具。打磨垫有手拿式打磨垫、打磨机专用打磨垫等。

1. 种类

（1）手拿式打磨垫。手拿式打磨垫有硬橡胶制、中等弹性橡胶制及木制的。由于汽车维修行业迅速发展，打磨垫已由过去操作人员自己制作，发展到批量生产适合各种需要的专用打磨垫。不同样式的手拿式打磨垫如图 6—7 所示。

图 6—7　手拿式打磨垫

1）硬橡胶打磨垫。硬橡胶打磨垫使用时要外垫水磨砂纸，一般用于湿磨腻子层。

硬橡胶打磨垫的长短、大小对磨平腻子层有一定影响。自制的打磨垫一般用 2~3 cm厚的橡胶块裁剪成 10 cm×6 cm 的长方形，此打磨垫适用于 1 张水磨砂纸裁剪成均等 4 份，即每份尺寸为 11. 5 cm×14 cm，这样裁剪有利于水磨砂纸的充分利用，且灵活方便。硬橡胶打磨垫是汽车维修行业施工人员较普遍使用的操作工具。对于大面积波浪形物面的腻子层，可适当使用加长的打磨垫。

2）中等弹性橡胶打磨垫。中等弹性橡胶打磨垫（海绵垫）是一种辅助打磨工具，利用它的柔软性，外包水磨砂纸打磨棱角和形状多变部位时，可避免划伤凸出部位。海绵垫适用于漆面处理，如抛光漆面前垫细水磨砂纸磨平粗粒、橘皮等，不易对漆面造成大的伤害。

3）木制打磨垫。木制打磨垫是指根据施工需要，用木块制成的大小合适的打磨垫，其作用与硬橡胶打磨垫类似。

（2）电动、气动打磨机的打磨垫。用于电动、气动打磨机的打磨垫称为托盘。各种规格的托盘如图 6—8 所示。根据打磨物面的不同，分为两种托盘。

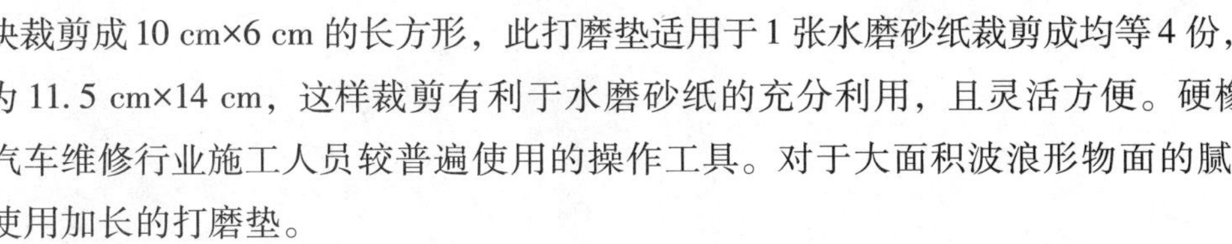

图 6—8　各种规格的托盘

1）快速粘扣式干磨托盘。此托盘由母粘扣带制成，配合干磨砂纸，特殊蘑菇头设计能紧扣砂纸，装卸快速、方便、牢固，打磨时省时省力。

2）软托盘。软托盘与粘扣式漆面干研磨砂纸配合使用，一般汽车修理厂所使用的圆形打磨机上均可安装。

2. 使用注意事项

（1）应根据需要选择手拿式打磨垫类型，施工中应注意打磨垫表面的平整度，如有弯曲应弃用。

（2）电动、气动打磨机的打磨垫在使用前应检查粘扣是否完好，避免产生砂纸飞出的现象。

四、漆刷

漆刷是一种既古老简单又普遍采用的涂装手工工具。在汽车维修业，漆刷主要应用于刷涂底漆和底盘。漆刷刷涂不需要复杂设备，施工简单，浪费较少，刷涂时的机械用力能使涂料渗入底材，起到增强涂膜附着力的作用。常用各种规格的漆刷如图 6—9 所示。

图 6—9　各种规格的漆刷

1. 种类

漆刷的种类有很多。按漆刷形状可分为圆形、扁形和歪脖子形漆刷；按漆刷毛的硬度可分为硬毛漆刷和软毛漆刷。

2. 选择原则

涂装质量的高低除与涂装方法、涂装质量、操作技术等因素有关外，也与漆刷的选择有重要关系。选择漆刷一般应以鬃厚、口齐、根硬头软为好，同时应根据使用涂料品种、被涂工件形状大小、涂层质量要求等实际情况而定。

选用漆刷的一般原则为：

（1）涂料黏度高应选用硬毛漆刷。

（2）被涂面积大应选用宽而长的漆刷。

（3）被涂物件小且质量要求高应选用细软的小漆刷。

（4）黏度低而快干的涂料应选用细软的漆刷。

3. 使用方法

（1）直握漆刷柄（类似直握乒乓球拍时的手势），靠手腕的转动配合手臂的来回摆动进行操作。

（2）漆刷毛浸入涂料的部位不应超过毛长的2/3，蘸涂料不宜太多；漆刷蘸涂料后要在桶口边缘刷一下，以减少过多的涂料液。

（3）应将选择好的涂料用配套的稀释剂搅拌均匀，调制到适合涂装的黏度，一般在25℃时，以40~100 s（涂-4黏度计）为宜。

（4）刷涂路线应先斜后直，从上到下、从左到右形成均匀的薄涂层。

（5）刷涂工件是垂直形状的，最后一次刷涂应从上到下修饰刷涂。

（6）刷涂工件是水平形状的，最后一次刷涂应按光线照射的方向修饰刷涂。

（7）对于形状复杂、有内外之分的刷涂工件，应先刷内部和较难的部位，后刷外部和较容易的部位。

4. 维护保养

（1）新漆刷使用前要先清除杂毛和易脱落的鬃毛，以方便使用和避免产生刷痕及脱毛现象。

（2）刷涂凹弯部位时不要用力捅，以免损坏漆刷鬃毛。

（3）每次使用完毕后，若短时间内不用，应甩干漆刷上的涂料液，垂直悬挂在水中或溶剂中，不要让鬃毛露出液面，也不要接触底面，需要使用时甩干水或溶剂即可。若长期不用，应用溶剂把漆刷彻底清洗干净，晾干后用油纸包好并存放在干燥处。切忌刷涂完毕后把漆刷随意放在漆桶内或水、溶剂槽内，否则刷毛会变硬或变形，影响下次刷涂质量。

五、滚筒

滚筒是一种直径不大的空心圆柱，其表层由羊毛或合成纤维做成的多孔吸附材料构成。

滚筒应用时对涂面有一定要求，即只能滚涂平面。但因其工作效率高，对操作人员的技术要求低，故广泛应用于平面建筑的涂装，如高架桥、外墙及家庭内墙的涂装。滚筒最适用于水性乳胶涂料的涂装，但也适用于油性涂料和合成树脂涂料的涂装。

滚筒的常用宽度是18 cm和23 cm，标准直径是4 cm。若滚涂量大也可用直径6 cm的滚筒，以增加所蘸涂料量而提高工作效率。各种尺寸、材质的滚筒如图6—10所示。

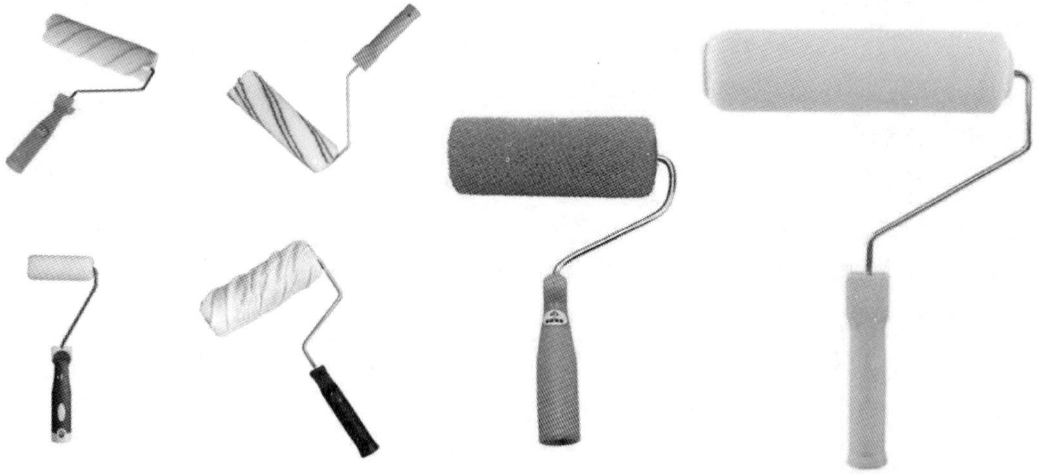

图 6—10　各种尺寸、材质的滚筒

1. 组成

滚筒由滚筒本体和滚套组成，滚套可以自由地装卸。滚套由滚刷毛和芯材组成。滚刷毛黏结在芯材上，其材质有纯羊毛、合成纤维和两者的混合物。一般纯羊毛因耐溶剂性强，适用于油性涂料及合成树脂；合成纤维因耐水性好，适用于水性涂料。

2. 使用方法

（1）涂料放在容器中，将未蘸涂料的滚筒一半浸入涂料中，然后在容器的专用滚动板上来回滚动几次，使滚筒完全浸透涂料。

（2）在废报纸或其他废平面上滚几下，使涂料在滚套上蘸浸均匀后，即可开始涂装。

（3）在滚涂操作中，应使滚筒按 W 形轻轻滚动，将涂料大致分布到被涂物表面上；然后上下来回滚动，将涂料展开；最后再按一定方向在该表面上轻轻地进行修饰性滚动。

（4）滚套蘸满涂料时，滚动用力要轻，以后逐渐加力。

六、喷枪

喷枪是喷涂工艺体系的关键设备。空气压缩机将压缩空气送入储气罐，喷枪利用压缩空气的压力，靠高速气流在喷嘴处产生的负压吸上涂料，使涂料在被送出喷嘴后，可利用空气压力形成雾状射流，将液体转化为小液滴。该过程即是通常所说的雾化过程。

雾化过程是喷枪的工作过程。雾化使涂料成为可喷涂的细小且均匀的液滴，当这些小液滴被以正确的方式喷涂在被涂物表面时，就会结合形成一层均匀的涂膜。

涂料被送出枪嘴发生雾化，主要通过三个过程完成。第一个过程是涂料被压缩空气的高速气流从罐中吸出，立即被喷嘴口环形空气流所包围，气流产生的气旋，使液体状的涂料开始分散；第二个过程是涂料在高速气流作用下，从有限的流孔（枪嘴出漆口）高速射出后，在后续气流的不断冲击下，促使液态涂料加速分散；第三个过程是涂料受到空气帽喇叭口喷出的气流作用，将原来圆形的液雾冲击成扇形的液雾（可根据喷涂需要调节扇形面的大小），使之能均匀到达被涂物的表面。

1. 常用种类

虽然不同的喷枪有许多通用的零部件，但每种类型或型号的喷枪只适用于一定范围的作业，选择合适的工具是以最短时间高质量完成作业的保证。目前，国内汽车维修涂装市场上的主流喷枪是空气式喷枪，根据供应涂料的方式主要分为虹吸式喷枪（传统下壶喷枪）、重力式喷枪（传统上壶喷枪）和 HVLP（高流量低压力）喷枪。

（1）虹吸式喷枪。虹吸式喷枪（见图 6—11a）属于高气压雾化技术的传统喷枪，它是使用最普遍的喷枪品种之一。它的涂料喷出量受涂料黏度和密度的影响较大，与喷嘴口径也有关系。大口径喷枪虽然出漆量多，但如果使用时气压不够，容易产生雾化不良的现象。

虹吸式喷枪的优点是操作稳定性好，涂料色彩变换方便。此种类型的喷枪较适用于大面积喷涂，涂料罐的容量一般在 1 L 左右，比较适合大客车及修补整车使用。

（2）重力式喷枪。重力式喷枪（见图 6—11b）的工作原理和基本构造与虹吸式喷枪基本相同，只是涂料的供给方式不同，它的涂料罐在喷枪的上方，涂料靠自身重力流到喷嘴，皆有高速气流的负压作用，所以出漆量比虹吸式喷枪大，涂料罐容量一般为 250~500 mL，清洗较方便，换色容易。

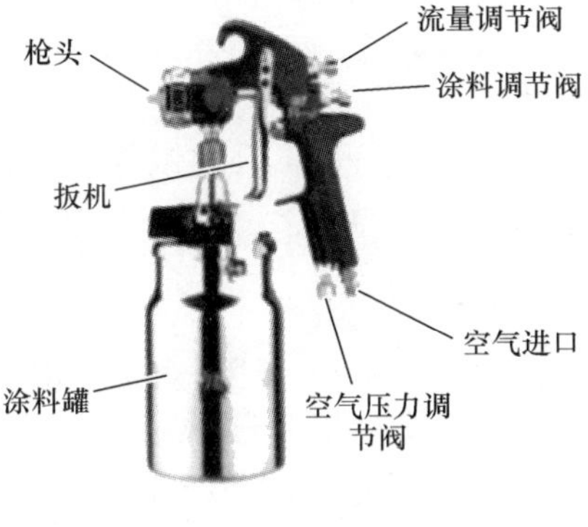

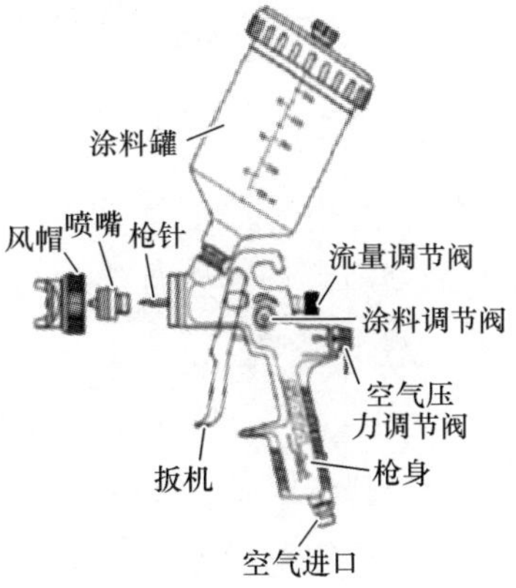

图 6—11　虹吸式喷枪和重力式喷枪

a）虹吸式喷枪　b）重力式喷枪

（3）HVLP 喷枪。HVLP 是 high volume low pressure 的缩写，中文意思是高流量低压力，是美国环境保护署（EPA）所制定的一项环保省漆喷涂标准，全球很多国家均采用此项标准。HVLP 喷枪（见图 6—12）又称环保型喷枪。

HVLP 技术定义：喷涂设备或喷枪的传递效率（即油漆利用率）必须高于 65%，喷嘴处空气出口压力等于或小于 10 psi（1 psi = 6.895 kPa），并经过 EPA 授权的权威机构鉴定，才能称为 HVLP 喷涂设备。

自 20 世纪 90 年代以来，随着人们环保意识的加强和相关法规的健全，国际大汽车公司开始采用环保型的涂装材料，使涂料在喷涂过程中产生的有害挥发性物质排放量达到环保要求，所以，汽车用涂料逐渐向高固体化、水性化、低 VOC（挥发性有机物）排放的方向发展。

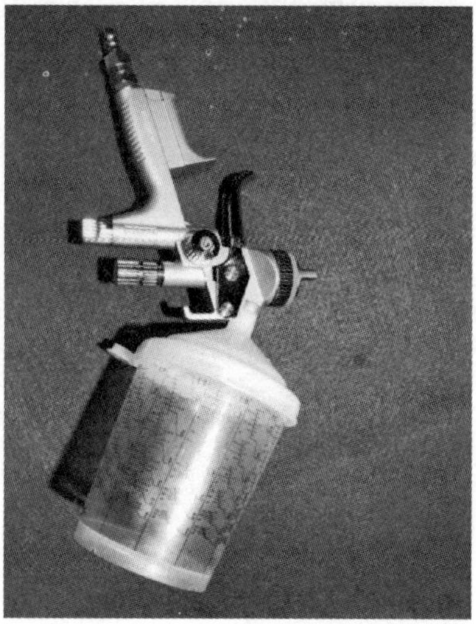

图 6—12　HVLP 喷枪

HVLP 喷枪技术适用于涂膜要求较高的产品，如轿车常用的银粉漆、珍珠漆、罩光漆、素色漆和纳米涂料。针对水性涂料特有的性质，还设计有水性涂料专用喷嘴套装（口径为 1.25 mm 的不锈钢喷嘴）。

HVLP 喷枪的雾化方式与传统喷枪不同，它不仅靠喷枪风帽处的空气压力进行涂料的雾化，还配合风帽雾化孔喷射出的空气流量，使涂料形成完美雾化。由于雾化气压较传统喷枪大幅降低，漆雾的反弹量及散失量减少，所以溶剂和涂料的散失大幅降低，也起到了保护环境的目的，同时对施工人员的身体健康也起到了良好的保护作用。使用 HVLP 喷枪口径为 1.3 mm 的喷嘴套装，在喷涂银粉漆和珍珠漆时，不会改变涂料的特性，如金属颗粒的有序排列和珍珠颗粒的幻彩效果等。如果需要加大漆膜厚度，如喷涂罩光漆和素色漆时，可选用口径为 1.4 mm 的喷嘴套装。

HVLP 喷枪和传统喷枪的操作基本相同，但有一些细微的差别。例如，HVLP 喷枪离喷涂表面应近一些，喷涂距离应在 150~200 mm，喷涂距离过大会导致喷涂发干且漆膜厚度不够。

HVLP 喷枪喷雾速度要比传统喷枪速度慢，但漆膜厚度通常比传统喷枪要厚一点。使用 HVLP 喷枪可以让涂膜达到所需厚度的喷涂次数减少，从而提高工作效率。HVLP 喷枪工作时噪声很低。

传统空气喷枪的传递效率大约为 30%，其他涂料随飞雾散布到周围环境中，造成大量浪费。所以，传统空气喷枪不仅增加经济成本，而且 VOC、苯、甲醛等有毒有害物质排放量非常大，严重污染大气和水体环境，同时损害施工人员健康。采用 HVLP 喷涂设备不仅能获得优质的表面效果，还能节约大量的漆料用量，使施工单位的成本降低约 50%，方便快捷。

2. 使用方法

虹吸式喷枪、重力式喷枪和 HVLP 喷枪结构基本相同，故操作方法相同如下：

（1）旋下气流喷嘴并清洗喷嘴上的防锈油，然后将枪体上的空气接头与压缩空气的气管对接。逆时针松动盖板压脚，再逆时针转动盖板，脱钩后打开涂料罐盖，把涂料倒入涂料罐内，用稀释剂把涂料调整到适合喷涂的黏度 16~24 s（涂-4 黏度计），然后将盖板夹紧。

（2）手握喷枪柄，以食指和中指压扣扳机，压缩空气阀门首先打开，压缩空气沿管道到达喷嘴，喷出气流。这时由于针塞套筒未打开，气流可用于吹去涂装面的灰尘，再向后压扣扳机，针塞后移打开喷嘴，高速气流使漆道内产生负压，而涂料罐内大气压的作用使涂料吸出喷嘴口，涂料随气流扩散成雾状微粒喷向涂面以形成涂膜。

（3）旋转幅度针螺钉能调节喷幅截面。顺时针旋转可以使喷幅截面由扇形、椭圆形逐渐过渡到圆形，逆时针旋转则可以使飞漆喷幅截面调节到所需的扇形、椭圆形。

（4）旋转针塞调节螺钉能调节涂料喷出量。顺时针旋转针塞调节螺钉，使针塞减少开启行程，减少涂料喷出量；反之增加涂料喷出量。

（5）旋转气流喷嘴可获得不同角度的喷幅截面。

（6）喷枪涂料罐盖上的回气孔要保持畅通。

3. 技术参数

要获得平整光滑、厚薄均匀、光亮如镜的涂面，除了具备涂料质量、底层基础、合适规格的喷枪等因素外，喷涂人员还要掌握正确的喷枪操作方法。

在喷涂操作中，操作人员要重点掌握喷涂气压、喷涂距离、喷枪移动速度、喷幅、喷涂角度等基本技术参数。

（1）喷涂气压。喷涂气压是首先应该考虑的一个技术参数。喷涂气压取决于很多因素，如所使用涂料的种类、配套稀释剂的选择、稀释后施工黏度等。在进行喷涂操作时，喷涂气压要能使液体涂料得到良好的雾化，同时又要求涂料中所含溶剂尽可能少蒸发。一般空气压缩机的压力应调节至 0. 35～0. 5 MPa，或根据施工需要进行调节，如图 6—13 所示。

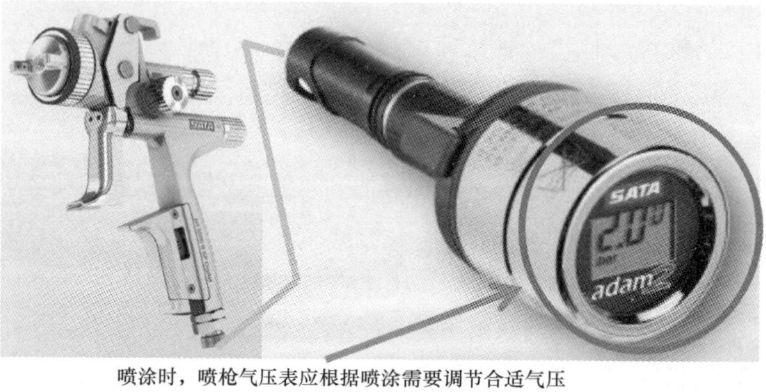

图 6—13　调节喷涂气压

要养成严格按供应商提供的商品说明书中的技术参数进行施工的良好习惯，以达到理想的喷涂效果。合适的喷涂气压能获得适当的喷雾，以达到散发率和喷幅的最低要求。喷涂气压过低，可能会造成雾化不良，容易产生“流挂”“针孔”“起泡”等现象；而喷涂气压过高，则可能会使涂料中的溶剂过度蒸发，严重时形成所谓的干喷现象，影响成膜后的表面质量。

（2）喷涂距离。喷涂距离应根据所使用涂料的干燥速度来决定。喷涂距离过远，会造成涂膜粗糙、出现橘皮、光泽度不足，以及涂料浪费；喷涂距离过近，会造成强气流使涂面产生波纹，也会造成扇形喷幅变窄，易形成流挂。

一般而言，干燥速度较快的涂料的喷涂距离应保持在 150～225 mm，干燥速度较慢的涂料（如烘漆、双组分涂料）的喷涂距离应保持在 220～300 mm。在实际操作中还需要根据施工环境温度、喷枪移动速度、涂料黏度等灵活掌握。在平行喷涂时，喷枪应与被涂面保持固定的距离。喷涂距离如图 6—14 所示。

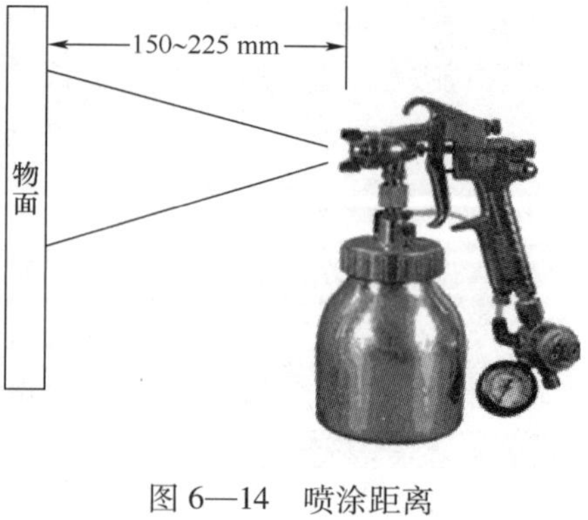

图 6—14　喷涂距离

（3）喷枪移动速度。涂料的性能各不相同，其干燥速度存在差异，喷枪移动速度根据涂料干燥速度和施工要求的不同而不同。喷涂时要求喷枪移动速度均匀、稳定，否则会导致涂层厚薄不均匀。喷枪移动速度过慢会造成涂膜流痕，过快会使涂膜过薄、粗糙无光、出现橘皮。

喷枪移动速度的控制要点如下：

1）根据涂料的性能进行控制。一般而言，对于干燥速度较快的涂料（如溶剂挥发型涂料硝基漆、过氯乙烯漆、热塑性丙烯酸漆），其喷枪移动速度以200~400 mm/s为宜；对于干燥速度较慢的涂料（如烘漆、双组分涂料），其喷枪移动速度以400~800 mm/s为宜。

2）根据涂膜的厚薄进行控制。施工要求厚涂时，喷枪移动速度应减慢。

3）根据喷涂道次进行控制。一般第一道薄层预喷时，喷枪移动速度要快；而最后一道时喷枪移动速度应减慢，这样可使涂膜光滑、丰满。

在实际喷涂操作中，还应考虑喷涂环境温度、涂料黏度、稀释剂挥发速度、喷枪喷出涂料量等因素，灵活掌握喷枪移动速度。

（4）喷幅。喷幅是指喷枪喷出的雾化形状（简称雾形）的大小，即喷枪的雾面宽度。喷涂前必须调整好喷枪的雾面宽度，这一点很重要。调整方法是在遮盖纸上测试雾形，测试雾形是对喷枪喷涂距离、喷涂气压的综合性测定。测试时喷嘴与试纸相距约一手掌宽，把扳机扳到底再立刻放开，喷出的漆会在试纸上留下细长形状的印迹；然后测试雾形内涂料分布的均匀性，根据喷涂要求检查喷枪的雾面宽度是否合适，并做适当调整。

如果喷束太宽或气压太低，流挂呈分开状，可把雾形控制阀拧紧半圈或把气压提高34.5 kPa，交替进行这两项调试，直到流挂长度均匀。如果流挂中间长两边短，则是因为喷出的漆太多，应把雾形控制阀拧紧，直到流挂长度均匀。雾面宽度的调节方法如图6—15所示。

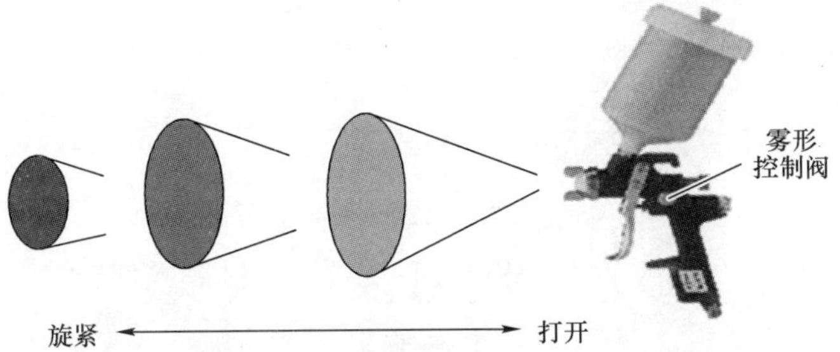

图6—15　雾面宽度的调节方法

4. 喷涂方法

根据喷涂路线与角度。整车涂装因为喷涂面积较大，喷涂方法一般有纵行重叠法、横行重叠法和纵横交替喷涂法。

喷涂施工时，应根据车辆的特点按从高到低、从左到右、从上到下、从里到外的顺序进行喷涂。在未喷涂前应先计划好行程，稳定地移动喷枪；当喷枪抵达终点时，应放开扳机，然后再扳扳机，开始反向喷涂。在行程终点关闭喷枪，目的在于避免出现流挂，并把飞漆减到最少。

喷涂施工处有面板拐角或边缘时要先喷这些部位，但不要一次喷涂太厚，这些部位特别容易产生流挂，应采用薄而多道的喷涂方法。对竖直面板通常从板的最上端开始喷涂，喷嘴与上边缘平齐。喷枪第二次单方向移动的行程与第一次相反，喷嘴与第一次行程的下边缘平齐，雾形的上半部与第一次雾形的下半部重叠，重叠幅度应满足第二层与上一层重叠 1/2 或 2/3，这样可避免出现双涂层和流挂。各涂层之间要留出几分钟的闪干时间。

七、空气压缩机

空气压缩机是喷涂工艺的必要设备，是空气供给系统的最主要部件。它的功能是将空气压力从普通的大气压升高到某一更高的压力值。

1. 分类

空气压缩机可按气缸数和工作方式来分类。按气缸数来分有单缸、双缸和三缸空气压缩机；按工作方式来分有一级压缩式和二级压缩式空气压缩机。

一级压缩式空气压缩机（见图 6—16）和二级压缩式空气压缩机（见图 6—17）的结构、原理略有不同。一级压缩式空气压缩机工作时，空气经空气滤清器过滤，由气缸压缩后直接进入储气筒。二级压缩式空气压缩机工作时，空气经空气滤清器进入一级气缸，在一级气缸内压缩到 0. 2~0. 4 MPa 后排入中间冷却器，待冷却后再进入二级气缸，在二级气缸内压缩到 0. 8 MPa 后排入储气筒内。

图 6—16　一级压缩式空气压缩机

图 6—17　二级压缩式空气压缩机

2. 使用和维护

为了保证空气压缩机正常工作，每天工作前要检查空气压缩机油面的高度。如果油面过低要及时加油，可通过曲轴箱上的呼吸管口加入，加至油尺中标线与下标线之间。

对于水冷式空气压缩机，启动前要先接通冷却水，并注意冷却水是否流畅自如。打开减荷阀，使空气压缩机处于空负荷启动状态。启动时要注意运转方向，发现倒转应立即纠正。如果发现有抱轴现象应立即停机。

启动后关闭减荷阀，让空气压缩机负荷运转，听声音是否正常，并检查压力表的压力是否正常，各连接处有无漏气、漏油、漏水现象，发现故障应及时排除。同时应做好日常保养工作，每天应放出储气筒内的油水沉淀物 1~2 次；每 3 个月清洗空气滤清器的滤网并检查安全阀的可靠性。

为了确保供气系统有效地工作，延长系统部件的使用寿命，要按规定对空气压缩机进行维护。维护方案有日维护、周维护和月维护三种。

（1）日维护。放掉储气筒、油水分离器内的冷凝水。特别是在空气湿度比较大时，每天要放多次；检查曲轴箱的润滑油面，尽量使油面保持充分的水平，但注意油面不要过高，以避免机油消耗过多。

（2）周维护。拉开安全阀上的拉环，使其打开。检查安全阀能否正常工作，能否自动排气。若安全阀装在储气筒或单向阀上，则在筒内存有高压气时排气；若安全阀装在空气压缩机内置冷却器上，则在空气压缩机工作时排气。

用手将安全阀上拉出来的拉环推回去。当安全阀不能正常工作时，应立即维修或更换。用防爆溶剂清洁空气滤清器的毛毡或海绵等过滤件，并晾干重新装好，避免空气滤清器太脏而降低空气压缩机的效率和增加机油的消耗。定期清洁气缸、气缸盖、内冷器、后冷器和容易聚集灰尘或污物的附属设备。干净的空气压缩机工作时温度较低，而且使用寿命也较长。

（3）月维护。月维护要做好以下几点：

1）添加或更换曲轴箱内的机油。在干净的工作环境下，机油应每工作 500 h 或每 6 个月换一次（满足两个条件之一就应更换）。如果工作环境不够干净，就应增加更换的频度。

2）调节压力开关的关机/开机设定点。

3）检查每次关掉电动机时泄放阀或单向阀（CPR）的排气压力是否正常。

4）上紧带轮以防打滑。如果 V 形带过松，电动机转轮在工作时就会发热；如果 V 形带过紧，电动机负载会过重，从而导致电动机和空气压缩机的轴过早磨损。

5）检查并调整松动的电动机转轴和空气压缩机飞轮。注意进行操作时必须取下 V 形带防护罩的前半部分。

6）上紧空气压缩机上所有的阀芯或气缸罐，确保每个气缸不会松动，以免损坏气缸或活塞。

7）检查空气压缩机附件和供气管道系统有无空气泄漏。

8）关闭储气筒排气阀，检查泵气时间是否正确。

9）检查是否有异常的噪声出现。

八、油水分离器

油水分离器又称水分分离调节器或空气转换器，是一种多功能的仪器。它的作用是将油、污物和水从高压气体中分离出来，过滤和分离空气，显示调节后的空气压力，为喷枪、吹尘枪、打磨机等气动工具提供多头空气输出口。

空气中含有水分和微量油气，经空气压缩机压缩后会带有水分和油气，若直接用于喷涂作业，这些水分和油气会随飞漆一起喷涂到工件表面，使涂膜表面产生水泡和麻点，影响喷涂质量。为确保获得高质量的修补涂层，除了涂料品质、涂装工艺、施工技术外，在空气压缩机的输送管道上安装油水分离器，可以保证压缩空气干净、干燥、无水、无油。

1. 分类

油水分离器一般分为圆柱形气筒油水分离器和叶片旋风式油水分离器，如图 6—18 所示。

圆柱形气筒油水分离器有气密性顶盖，一般安装在排量较大的空气压缩机上。气筒内放几层薄薄的毛毡，在毛毡之间装满焦炭或金属网、PVC（聚氯乙烯）海绵等，即组成空

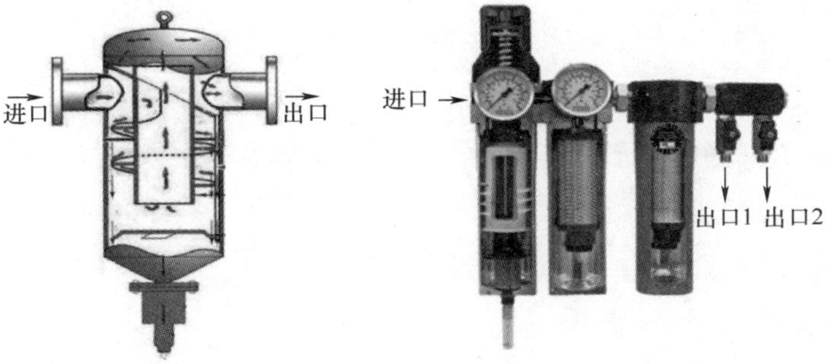

a)　　b)

图 6—18　油水分离器类型

a）圆柱形气筒油水分离器　b）叶片旋风式油水分离器

气滤清器，当压缩空气通过时能去除其中的粉尘。气体在筒内膨胀所导致的降温使水分、油气成为水滴、油滴，水滴、油滴由筒底部的排放开关排出。

叶片旋风式油水分离器利用叶片旋转产生离心力，将油、水从压缩空气中分离出去，从而确保纯净而干燥的空气输送到喷枪。叶片旋风式油水分离器和微孔过滤器结合使用效果会更好。

2. 使用方法

在使用时应注意保养，每日打开放水阀 1～2 次，将积存于杯中的油、水放掉。特别是在喷涂前要打开放水阀，以保证油水分离器正常工作。过滤杯和存水杯要定期清洗。圆柱形气筒油水分离器要定期更换焦炭或清洗金属网和 PVC 海绵。

3. 保养

（1）设备应由专人管理和使用。定期、定时检查设备的电流值，以及其绝缘是否正常。

（2）定期检查设备各部位是否有渗漏。

（3）定期清理杂物提篮，更换杂物桶。

（4）带自动格栅机的设备需要定期检查自动格栅机上是否有杂物淤积或被坚硬物卡住。

（5）定期清理箱体底部淤泥。

（6）定期检查箱体内部曝气管路是否曝气均匀。如果曝气不均匀，应检查曝气管是否有泄漏或堵塞。

九、黏度计

涂料的黏度测定方法有多种，我国常用涂-4 黏度计测定。该方法测定的黏度是条件黏度，即一定量的试样在一定温度下从规定直径孔流出的时间，以秒（s）表示。

1. 规格

国家标准规定，用涂-4 黏度计测定流出时间在 150 s 以下的涂料黏度。

涂-4 黏度计是上部为圆柱形、下部为圆锥形的金属容器。其圆锥形底部有漏嘴，上部有一圈凹槽，供多余试样溢出用。常用的涂-4 黏度计如图 6—19 所示。

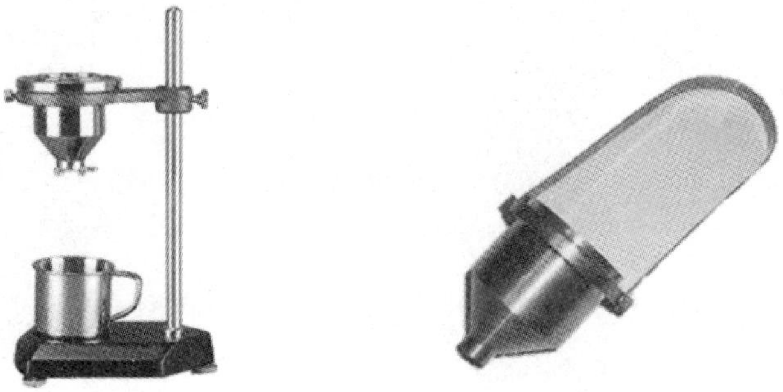

a)　　　　b)

图 6—19　常用的涂-4 黏度计

a）台式涂-4 黏度计　b）便携式涂-4 黏度计

2. 使用方法

（1）测定前后均需要纱布蘸溶剂将黏度计擦拭干净，并干燥或用冷风吹干。对光检查。

（2）将试样搅拌均匀。必要时可用口径为 246 μm 的金属筛过滤，除另有规定外，应将试样温度调整至（23±1）℃或（25±1）℃。

（3）使用水平仪调节水平螺钉，使黏度计处于水平位置。在黏度计漏嘴下放置 150 mL 涂料杯。

（4）用手指堵住漏嘴，将试样倒满黏度计中，用玻璃棒或玻璃板将气泡和多余试样刮入凹槽。迅速移开手指，同时启动秒表，待试样流束刚中断时立刻停止秒表，秒表读数即试样的流出时间。

（5）按步骤（4）重复测试。两次测定值之差应不大于平均值的 3%。取两次测定值的平均值为测试结果。

十、抛光机和抛光盘

抛光机也称研磨机，常用于机械式研磨、抛光及打蜡。其工作原理是：电动或气动机带动安装在抛光机上的抛光盘高速旋转，抛光盘和抛光剂共同作用，并与待抛表面进行摩擦，进而达到去除漆面污染、氧化层、浅痕的目的。

抛光机的主要附件是抛光盘，抛光盘与研磨剂或抛光剂共同作用，完成研磨和抛光作业。抛光盘的转速一般在 1 500～3 000 r/min，多为无级变速，施工时转速可根据需要随时调整。

1. 抛光机分类

抛光机是修补涂装的常用工具，有很多品种。根据不同的使用要求和环境，可选择不同用途的抛光机。

（1）按动力分类。抛光机按动力分类有电动抛光机和气动抛光机两种，如图 6—20 所示。

抛光机一般有磨砂和抛光双效功能，安装砂轮可以打磨金属材料，换上研磨盘和抛光垫又能进行漆面抛光，操作起来非常平稳，不易损坏，转速一般可调整。

a)　　b)

图 6—20　电动抛光机和气动抛光机

a）电动抛光机　b）气动抛光机

（2）按连接方式分类。抛光机的连接方式有螺栓盘式、螺母盘式、吸盘式 3 种。

螺栓盘式适用于带有螺栓接头的抛光机。螺母盘式适用于带有螺母接头的抛光机。吸盘式适用于带有吸盘的抛光机，即抛光机的机头用螺钉固定一个硬质塑料聚酯底盘，底盘的工作面可粘住带有尼龙易粘平面的物体。可以根据需要选择各式抛光机。

2. 抛光盘分类

（1）羊毛抛光盘。抛光盘底部有自动粘贴，可实现抛光盘的快速转换。羊毛抛光盘为传统式切割材料，研磨能力强、功效大，但研磨后会留下旋纹。一般用于普通漆的研磨和抛光，用于透明漆时要谨慎。

羊毛抛光盘一般分为白色和黄色。一般白色羊毛抛光盘切削力强，能去除漆面的严重瑕疵，配合较粗的蜡打磨可快速去除橘皮或修饰研磨痕；黄色羊毛抛光盘切削力较白色羊毛抛光盘弱，一般配合细蜡抛光漆面，去除漆面粗蜡抛光痕及轻微擦伤痕。

（2）人造纤维抛光盘。人造纤维抛光盘较羊毛抛光盘柔软，一般用于普通漆面和罩光层的抛光。

（3）海绵抛光盘。海绵抛光盘切削力较羊毛抛光盘弱，不会留下旋纹，能有效去除中度漆面的瑕疵。其中，黑色海绵抛光盘一般做精细抛光用。抛光盘底部有自动粘贴，可快速转换。海绵抛光盘可用于车身普通漆、透明漆的研磨和抛光，一般用于羊毛抛光盘使用之后的抛光、打蜡。使用海绵抛光盘时，建议抛光机转速为 1 500~2 500 r/min，不要超过 3 000 r/min。

海绵抛光盘有不同的形状，其功能和特点也不同。常用海绵抛光盘的形状、性能及尺寸见表 6—1。

表 6—1　常用海绵抛光盘的形状、性能及尺寸

形状	性能	尺寸（直径×厚度）
直切形	速度快、热量大、灵活	152.4 mm×50.8 mm
平切形	面积大、散热好、较平稳	203.2 mm×（25.4~50.8）mm
波纹形	工作液不易飞溅	203.2 mm×（25.4~38.1）mm

各种类型的抛光盘如图 6—21 所示。

图 6—21　各种类型的抛光盘

3. 抛光机安装和维护说明

（1）吸盘式安装。将一个硬质聚酯底盘用螺钉固定在抛光机的机头上，底盘的工作面可粘住抛光垫。

（2）坚固式安装。抛光垫用螺栓或螺母拧上去即可使用。

（3）维护说明。在温水中冲洗后，挤去水分，面朝上放在干净的地方进行干燥。不要使用肥皂或清洁剂清洗，不要机洗或干洗，不要用梳毛刷或旋具清洁海绵轮。

第 2 节　涂装表面预处理

学习目标

通过本节的学习培训，学员能够：

（1）了解汽车涂装表面预处理的基础知识和基本原理。

（2）熟悉涂装工具、材料的使用方法。

（3）掌握汽车涂装表面预处理施工的能力。

一、涂装表面预处理的必要性

涂装是提高汽车耐腐蚀性能和装饰性最经济有效的方法，而表面预处理质量的好坏直接影响涂层使用寿命和装饰效果。表面预处理是涂装工艺的第一步，可使物面无油、无锈、无其他污物并具有一定的表面粗糙度，从而使涂料牢固地附着在物面上，同时保证涂层使用寿命及质量。

1. 保证涂层质量

汽车涂装表面预处理方法主要根据被涂物的用途、材质、要求和表面状况进行选择。例如，经脱脂、除蜡、除锈的黑色金属（铁、锰、铬及铁碳合金），先在其清洁的表面做磷化处理和涂抹转换涂料（金属表面转换剂），这样既可防止金属腐蚀，又能增强对涂膜的附着力。汽车车身上使用较多的铝及镀锌钢板也可做磷化处理和涂抹转换涂料。总而言之，表面预处理正确完善、选用涂料合理、施工工艺正确、使用环境适合，能在很大程度上延长涂膜的使用寿命，发挥涂料的保护作用。

用同一种材料的物面，采用不同的表面预处理方法，涂以相同的底漆和面漆进行对比，其损坏期限和腐蚀情况各不相同。表面预处理方法不同的涂层锈蚀情况见表 6—2。

表 6—2　表面预处理方法不同的涂层锈蚀情况

序号	处理方法	涂层锈蚀情况
1	没除锈	60%
2	手工除锈	20%
3	酸洗除锈	5%
4	喷砂磷化处理	个别锈点

2. 增强涂膜在底材上的附着力

附着力是指涂层黏附在底材上的强弱能力。附着力虽与涂料品种、质量及合理选择配套有关，但表面预处理质量的好坏也是一个关键。物体表面如果不经过预处理，会存在水、油、粉尘、氧化皮、锈、蜡及其他污物或不牢固的旧涂膜，就会使新涂膜附着不牢，一段时间后便会产生起泡、开裂、脱落等缺陷。面漆起泡、开裂、脱落现象如图 6—22 所示。

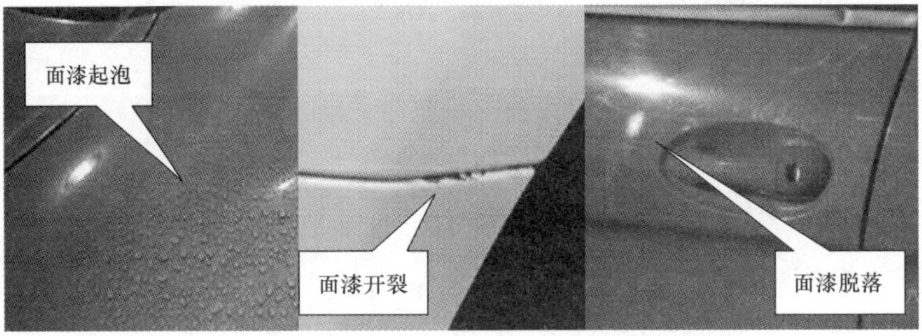

图 6—22　面漆起泡、开裂、脱落现象

金属与空气中的有害气体、水分接触会发生腐蚀，造成涂层损坏。表面预处理的目的就是要避免这类腐蚀的发生，并使物面具备涂装所允许的表面粗糙度，增强涂膜与物面的附着力，使涂膜牢固地附着在物面上，从而提高涂膜的使用寿命。

3. 提高涂膜的耐腐蚀性能

金属表面的水、油、铁锈及其他污物会降低涂料的耐腐蚀性能。它们存在于涂膜与被涂物表面之间，会起到腐蚀金属表面和破坏涂膜的作用。如果铁锈不清除干净，就会在涂膜下促使钢铁进一步腐蚀，并逐渐膨胀，最后导致涂膜开裂或剥落，使钢铁与空气、水分、有害气体接触，金属表面很快就被腐蚀。铁锈引起的腐蚀如图 6—23 所示。如果表面预处理达到涂装前的技术要求，表面耐腐蚀性能就会大大增强，涂膜寿命也会大大提高，物面便得到有效保护。

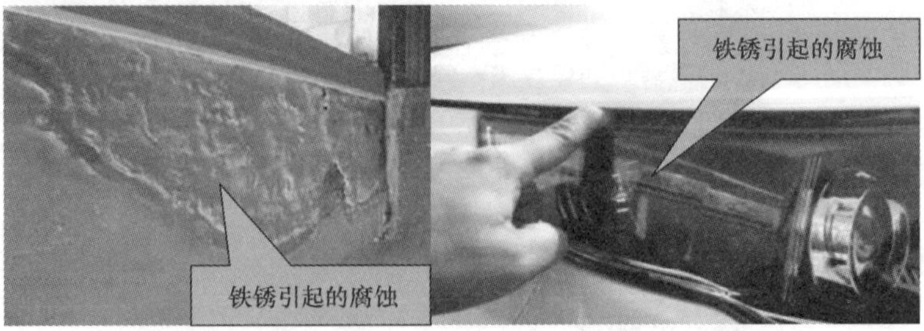

图 6—23　铁锈引起的腐蚀

4. 提高涂层的装饰作用

表面预处理是要保证涂层充分发挥保护和装饰作用的重要环节，直接关系到涂料的使用寿命。表面预处理在整个涂装过程中的影响程度见表 6—3。

表 6—3　　表面预处理在整个涂装过程中的影响程度

影响因素	影响程度
表面预处理	49.5%
涂料种类	4.9%
膜厚	19.1%
其他因素	26.5%

二、常用的汽车金属底材

传统汽车外壳主要以钢铁为主，随着现代汽车工业的发展，其他金属底材也越来越多地被使用，如铝和铝镁合金、镀锌和锌合金、镀铬等。由于不同的金属底材各有特点，要充分发挥涂料的保护作用，就必须了解其特性及相应的涂装表面预处理特点。

1. 钢铁底材

汽车车身表面一般都是由钢铁制成的，钢铁也称黑色金属。车身表面锈蚀产生的主要原因是钢铁本身不稳定且容易氧化。车身表面由于涂层开裂、脱落、碰撞使钢铁暴露在空气中，空气中的水分、氧气、二氧化碳等就会使钢铁表面产生锈蚀。一般轻锈呈黄褐色，此时无疤痕，但能加快金属的腐蚀，若再发展则是棕色或褐色的疤痕。旧车修理时常发现积水处、弯角处、饰条处、积垢处易产生锈蚀，腐蚀严重时被蚀物质会填满锈坑。

涂层一般都有渗水、渗氧、渗离子的弱点。水、氧和离子等到达金属基层，会在涂层底部形成水汽，导致涂层的附着力下降，起泡、锈蚀也随即形成。底材用酸性金属处理液进行处理，形成转换涂层以提高耐腐蚀性能。

一般转换组合涂层需要 3 道金属处理工序。

（1）清洗物面。用干净棉布蘸上脱脂除蜡剂，在物面上擦洗，擦洗面积控制在 0.2～0.3 m^2，一小块一小块地进行。当物面还湿润时，用干净棉布擦干，以有效清除油污和蜡质。

（2）用金属磷化液清洗。在无锈的表面上用棉布、海绵涂抹或用喷涂工具喷涂，非涂面注意遮盖，当表面仍湿润时，用干净棉布擦干。

（3）涂抹转换涂料。在塑料桶内倒入适量的转换涂料，用刷子或喷涂工具把它刷涂或喷涂到金属表面，自然静置 2 ~ 5 min，在溶液干燥前用冷水冲洗干净（注意面积不宜过大，否则在冲洗前溶液会干燥），再用干净棉布擦干，待彻底干燥后即可喷涂相应的底漆。

2. 镀锌金属底材

镀锌钢板的结构是在钢铁表面镀一层锌。镀锌层在钢铁板表面形成了一道隔离层，将钢铁和空气、水分隔开。锌与空气接触后会在其表面形成一层氧化锌，氧化锌能与锌层牢牢地附着在一起，由于氧化锌具有稳定性，可在锌与空气、水分之间形成一层极好的保护膜。

若在镀锌钢板上直接大面积刮涂聚酯腻子，会使腻子层剥离，导致起“痱子”及底材生锈，因此在镀锌钢板表面大面积刮涂腻子时，应先喷涂底漆。

3. 铝及阳极氧化铝底材

当要求减轻车身质量时，用铝材代替钢材是最好的办法，目前铝材主要用于汽车的前盖和后盖。对于铝材的表面预处理，可采用如前所述的钢材处理方法，但不宜采用强酸、强碱，以防被侵蚀。

三、典型的表面预处理工艺

1. 表面状况鉴定

汽车修补中的表面预处理，应根据涂层的表面状况、不同的物件采用相应的方法。如果涂层状况良好，未发生开裂、老化、附着不牢的情况，就没有必要铲除旧涂层，一般表面预处理包括清洗、除油、除蜡、除老化涂层及打磨工作。

2. 表面预处理目的

表面预处理目的是去除被涂物之外的所有异物，提供适合涂装要求的良好基底，保证涂层具有良好的防腐性能和附着性能。

3. 表面预处理流程

（1）清洗。清洗的目的、操作方法和注意事项见表 6—4。

表 6—4　　清洗的目的、操作方法和注意事项

项目	目的	操作方法	注意事项
清洗	清除车身表面的油污、盐分、鸟粪、污泥和其他污物	1. 先用清水清洗一遍，工具是有控制喷水开关的专用清洗水管 2. 再用肥皂水或专用清洗剂进行擦洗，之后用清水冲洗干净 3. 干燥表面	1. 戴好个人防护用品 2. 若清洁剂为浓缩型，需要按比例调配 3. 用软海绵擦洗 4. 注意边角部位的清洗

（2）除油除蜡。除油除蜡的目的、操作方法和注意事项见表 6—5。

表 6—5　　除油除蜡的目的、操作方法和注意事项

项目	目的	操作方法	注意事项
除油除蜡	去除防锈油、油脂、矿物油、油脂蜡和树脂蜡等	方法一：使用有机溶剂擦涂、清洗旧涂层；刷涂一般适用于汽车凹角处及形状复杂处，如引擎盖下发动机四周、门框内侧等 方法二：配合使用碱液和乳化剂清洗除油。高光泽度及高精密度的器材不宜采用碱液清洗	1. 对旧涂层除油除蜡要使用专用溶剂 2. 对旧涂层进行打磨之前，应用专用清洁剂彻底清洗工作表面 3. 旧涂层打磨完毕后，应再用除油除蜡剂清洗一遍 4. 清洗易积聚蜡质的边框、凹槽、把手时要特别注意，确保清洗干净 5. 用一块干净棉布浸湿除油除蜡剂后，在旧涂层上擦洗，当表面还湿润时，用另一块干净棉布擦干，以保证最佳清洗效果 6. 一次擦洗面积应不大于 0.2～0.3 m^2，应一块一块地进行，在进行大面积清洗时要注意经常更换棉布

（3）金属表面除锈。金属表面除锈的目的、操作方法和注意事项见表 6—6。

表 6—6　　金属表面除锈的目的、操作方法和注意事项

项目	目的	操作方法	注意事项
金属表面除锈	清除金属表面的锈蚀	方法一：手工处理。这是最原始但也是最简便的处理方法，能适应任何结构和施工条件，目前仍在广泛使用。手工处理主要利用铲刀、钢丝刷、砂布、砂轮等工具，靠手工敲、铲、刮、刷、磨的方法清除铁锈	操作时要戴防尘口罩、防护眼镜、棉纱手套，穿工作服及防护鞋
		方法二：机械处理。这是借助机械动力做圆周冲击清除锈迹的处理方法，其效率高、劳动强度低 1. 风动刷、电动刷。利用特制圆形钢丝刷的转动，靠冲击与摩擦把铁锈或氧化皮清除干净 2. 电动砂轮。工具小，可以拿在手中随意移动，原理是小砂轮高速转动磨去锈迹 3. 打磨机。在车况较好、修理及时、锈迹较少的状况下，这是一种效率高、质量好的机械处理工具	操作时要戴防尘口罩、防护眼镜，穿工作服及防护鞋
		方法三：喷射处理。该方法效率高、质量好，具体如喷砂、喷丸等。原理是利用压缩空气、高压水流、机械离心力将砂粒、水流、金属弹丸颗粒喷射到金属物体表面，以砂粒、水流、弹丸的冲击与摩擦作用，将金属表面的铁锈、氧化皮、旧涂膜和其他污物清除干净，以达到除锈的目的	1. 干喷砂会危害人体健康和影响环境 2. 虽然湿喷砂克服了干喷砂产生大量矽尘的缺点，但由于砂粒在喷砂后会被打湿，再使用时要进行烘干 3. 喷射处理适合厚度大的材质

续表

项目	目的	操作方法	注意事项
金属表面除锈	清除金属表面的锈蚀	方法四：化学处理 1. 酸洗除锈。酸洗除锈是指酸性溶液与金属氧化物（铁锈、氧化皮）发生化学反应，使铁锈、氧化皮被酸性溶液溶解，从而达到除锈目的的方式。无机酸作用力强，除锈速度快，价格便宜；但若使用不当则会产生金属过蚀现象，因此应在配方中加入少量缓蚀剂，既可防止金属变脆，又对除锈效果没有影响。稀酸溶液特别适合铝合金表面除锈 2. 脱脂、除锈——“二合一”。乳化脱脂和酸洗除锈相互促进，酸洗产生的氢气可促进乳化剂的乳化作用，将油污去掉，使酸能与铁锈、氧化皮接触，加快清除铁锈的速度 3. 脱脂、除锈、钝化——“三合一”。轻度锈蚀的物面经处理后可同时达到脱脂、除锈、钝化的目的	1. 使用无机酸除锈后物面一定要清洗干净，并要进行钝化处理或用碱性溶液中和，否则残酸腐蚀性很强，涂装后腐蚀仍在涂层下发展，从而破坏涂层，使涂层失去保护物面的作用 2. “三合一”方法适合大面积有轻度锈迹且数量较大的物件，不适合带有氧化皮和严重锈蚀的物件

（4）清除旧涂层。清除旧涂层的目的、操作方法和注意事项见表 6—7。

表 6—7　　清除旧涂层的目的、操作方法和注意事项

项目	目的	操作方法	注意事项
清除旧涂层	一般如果旧涂层损坏较多或已粉化、龟裂，应全部清除干净；如果旧涂层尚坚固，损坏处并不多，可将损坏处及四周不坚固的涂层清除	方法一：手工清除。手工清除是指用铲刀、砂布和钢丝刷等工具，靠敲、铲、刮、磨等方法清除旧涂层	清除大面积旧涂层时应按顺序一块一块连续性地铲除；清除部分旧涂层时，要将涂层边缘铲成斜口，砂纸打磨范围要大于铲除范围
		方法二：机械方法。机械方法是指采用碟式圆盘形打磨机或双重圆形打磨机，利用砂轮的旋转把旧涂层清除干净的方法，该方法适合小平面或曲面不大的旧涂层清除	1. 打磨前要遮盖板件、饰条，避免将其擦伤 2. 打磨盘与工作面应呈 5°～10°的夹角，防止打磨盘与工作面呈钝角接触而留下深痕迹，打磨时要保持匀速连续移动 3. 局部打磨的涂层，应清除原有的开裂或不牢固涂层 4. 打磨到出现旧涂层和底涂层的环形印圈
		方法三：火焰处理。该方法常用于处理一些腻子层较厚、旧涂层较多的物面	火焰可能使一些大平面受热变形，因此在用喷灯加热大平面旧涂层时，其加热程度要适当控制，不可为了追求铲除速度和方便过分加热而使外壳变形
		方法四：化学方法。常用的化学方法有碱液脱膜、有机溶剂脱膜等	1. 铝及非金属材料制成的物面不宜使用强碱溶液，以免损坏物面。使用碱液脱膜后，应把物面上的碱液冲洗干净，缝隙易积水处在涂底漆前要用压缩空气吹干

续表

项目	目的	操作方法	注意事项
			2. 窄缝隙及小孔的物面不宜使用碱液脱膜 3. 工作时要避免皮肤与碱液接触，若皮肤沾上碱液，应立即用清水冲洗干净

第3节　底漆的施工

学习目标

通过本节的学习培训，学员能够：

(1) 了解汽车涂装中底漆的基础知识和基本原理。

(2) 熟悉汽车底漆涂装的基本方法和步骤。

(3) 掌握汽车底漆施工工艺。

一、底漆的作用

底漆又称底层涂料，是指直接涂装在经过表面预处理的车身或部件表面上的第一道涂料，它是整个涂层的基础。

底漆干燥后应具备很好的物理性能和机械强度，能随着底材伸缩、弯曲，能抵抗外来的冲击力，能抵抗上层溶剂溶蚀而不被“咬起”。

随着汽车工业的快速发展，汽车涂装对汽车底漆的要求也越来越高。20世纪50年代，汽车喷涂以硝基底漆或环氧树脂底漆的使用为主，然后逐步发展到溶剂型浸涂底漆、水性浸涂底漆、阳极电泳底漆、阴极电泳底漆等。目前，轿车的整车涂装大多采用阴极电泳底漆，阴极电泳底漆能很好地满足底层涂装所要求的各项机械性能，并具备与其他涂层的配套性要求，适合现代涂装的流水线生产工艺要求。目前在汽车修补行业，底漆的使用以环氧树脂底漆为多。

底漆是物体表面的基础用料，是任何组合涂层中的第一层。底漆一般不具备填补车身表面缺陷的能力，但能使裸露的金属表面适合中涂底漆、腻子及面漆，它作为被涂表面与其涂层之间的媒介层，使两者牢固结合。

底漆种类繁多，针对不同的底材要选用适当的底漆。汽车上的材质除钢铁外，还有铝、镀锌钢板、塑料等，正确选择合适的底漆是非常关键的。正确选用底漆，可以发挥底漆的防腐作用，降低成本、方便施工、延长涂膜的使用寿命，达到汽车涂层的质量要求等。

另外，底漆施工方法与涂层的质量也有相当大的关系，如涂膜的膜厚、均匀度、干燥程度、稀释剂使用等。施工环境（温度、相对湿度）、涂装表面预处理等也会影响底漆的涂装质量。

二、底漆的特性和使用方法

汽车修补涂装中可选择的底漆品种有很多，使用方法也各不相同。常用的汽车修补涂装底漆有磷化底漆、环氧底漆、聚氨酯底漆、醇酸底漆、酚醛底漆等。

1. 底漆应具备的特性

（1）底漆应有良好的力学性能。

（2）底漆应具有极好的耐腐蚀性能及耐化学品性能。

（3）底漆应具有钝化金属表面的性能，对外界应有优良的封闭性，即防“三渗”性能（渗水、渗氧、渗离子）。

（4）底漆除了应具有对金属的配套性外，还应具有对二道底漆、腻子或面漆层的良好配套性。

（5）修补底漆应有良好的施工性能。

2. 不同底漆的使用方法

不同底漆的施工方法不同。常用底漆的特点、施工方法和注意事项见表 6—8。

表 6—8　　常用底漆的特点、施工方法和注意事项

名称	特点	施工方法	注意事项
磷化底漆	1. 磷化底漆使金属表面通过化学反应生成一层磷化膜，一般称为转换涂层。磷化膜具有多孔性和不良导电性，上层涂料能渗入这些孔隙中，而不良导电性也抑制了电化学腐蚀的形成 2. 磷化底漆能提高底漆对金属表面的附着力、耐腐蚀性能及热老化性能，可代替磷化处理，适用于各种金属（如钢、铁、铝、铜及铝镁合金等），并能耐一定的温度，	1. 磷化底漆可喷涂可刷涂，喷涂工作黏度为 16~18 s（涂-4 黏度计、20℃），涂膜以薄为宜，厚了效果反而差 2. 磷化底漆是双组分涂料，一般分为漆料和活化剂，有时还配备调整黏度的磷化液 3. 磷化底漆在使用时应将 2 个组分混合后才可使用，而磷化液是专门与磷化底漆配套使用的，其用量不能任意增减，要严格参照供应商	1. 使用前应将磷化底漆搅拌均匀，将搅拌均匀的底漆放入非金属的容器内，边搅拌边慢慢地加入磷化液，调配后一般要放置 30 min 再使用（请参照供应商的要求）。调配后的磷化底漆必须在使用时效内用完 2. 施工环境要求干燥，以防止涂膜发白，影响涂膜附着力和使用效能 3. 磷化底漆喷涂的物面应经过表面预处理，达到无锈、无水、无油、无旧涂层，最好是经过喷砂处理的物面 4. 喷涂了磷化底漆的物面，一般干燥一定时间（具体请参照供应商的要

续表

名称	特点	施工方法	注意事项
	可做烘烤面漆的底漆，但由于其成膜很薄，一般不能单独作为底漆使用，必须与其他底漆配套使用	要求的混合比例调配	求）后即可喷涂其他底漆
环氧底漆	1. 环氧底漆的附着性能、耐腐蚀性能、封闭性能、耐化学品性能及耐碱性能非常突出，而且涂膜柔韧性好、硬度高。对铝镁合金及轻金属、钢铁、玻璃钢等都有极好的附着力 2. 环氧底漆耐光性差、易粉化，所以只适合做底漆	1. 环氧底漆以喷为主，不易喷到的边角部位也可局部刷涂 2. 环氧底漆喷涂一道，涂层厚度能达到30~40 μm，可做防锈底漆，喷涂二道，涂层厚度可达到50~60 μm；干燥后可研磨，具体时间请参照供应商的要求	1. 适用于无尘、无油、无蜡、无锈、无水，并具有涂装允许表面粗糙度的裸露金属（钢板、铝材、不锈钢、镀锌钢板）表面及玻璃钢表面的涂装 2. 按要求调配漆料与固化剂，并在使用时效内用完 3. 胺类固化剂对人体和皮肤有刺激性，使用时要注意安全
酚醛底漆	1. 酚醛底漆所含颜料较多，呈浆状，有一定的缓蚀性、良好的附着力及耐水性，且价格便宜、施工方便、易于打磨，耐硝基漆的咬底作用，因此在一般汽车（客车、载货汽车）上应用较广泛 2. 酚醛底漆干燥较慢，不能和聚酯腻子相匹配，因此在维修施工中很少使用	1. 酚醛底漆根据施工要求可喷涂，也可刷涂、浸涂 2. 酚醛底漆直接涂于金属表面时，金属表面应无锈、无尘、无水、无油、无蜡及其他污物，并具有一定的表面粗糙度 3. 酚醛底漆可用200号溶剂汽油或松节油稀释	1. 酚醛底漆由于含颜料较多易沉淀，又由于涂料较稠不易搅拌，颜料往往沉在桶底而油浮于表面，因此使用时一定要搅拌均匀 2. 酚醛底漆可直接涂于钢铁表面做底漆使用，也可做油性腻子层间的中间涂层 3. 酚醛底漆能与多种面漆配套使用，如硝基漆、过氯乙烯漆、热塑性丙烯酸漆、醇酸漆等类型的涂料
醇酸底漆	1. 醇酸底漆是汽车上常用的一种底漆 2. 醇酸底漆具有良好的附着力和一定的缓蚀性，并且干燥快，耐硝基漆、过氯乙烯漆的咬底作用，可与硝基漆、过氯乙烯漆、醇酸漆等面漆配合使用 3. 醇酸底漆的涂膜硬度不高，在湿热环境下易起泡 4. 醇酸底漆可自干也可烘干	1. 醇酸底漆可喷涂也可刷涂，喷涂工作黏度以16~18 s（涂-4 黏度计、20℃）为宜，喷涂压力以0.4 ~ 0.5 MPa为宜 2. 涂底漆前对物面要求参照酚醛底漆	1. 使用时应搅拌均匀，新开桶尤其要保证搅拌均匀 2. 一般不宜涂厚，以防涂膜起皱 3. 有较高要求的车辆在使用醇酸底漆时，应涂在磷化底漆之上，以提高醇酸底漆的附着力和缓蚀性 4. 能与硝基漆、过氯乙烯漆、醇酸漆、氨基烘漆配合使用

第 4 节　腻子的施工

学习目标

通过本节的学习培训，学员能够：

（1）了解腻子的基本组成。

（2）熟悉汽车涂装中腻子施工工艺。

（3）掌握形状复杂物面刮涂和打磨腻子的施工工艺。

一、腻子及其作用

腻子在汽车修理业和汽车制造业中被广泛使用。不管是因事故而造成的车体损伤，还是汽车制造过程中因模具、运输问题或焊接变形而造成的车体表面缺陷，一般都要使用腻子进行修补，然后再经中涂底漆、面漆等工艺，使整车外观达到工艺要求。腻子是对工件表面进行填平补齐的基础材料，它对汽车外观质量有着举足轻重的影响。正确地选择、使用腻子，能够对腻子的质量优劣进行评判，是汽车修理业和汽车制造业从业人员必须掌握的。

腻子是一种由颜料、填充料、油料或树脂、催干剂、溶剂调制而成的呈稠浆状的物质，一般用在预涂底漆的物面，填平物体表面凹坑、焊接缝及擦伤、锈眼等缺陷，直至形成平整光滑的表面。刮涂腻子能使受到损坏的物面恢复到原有的形状，是一种快捷而廉价的方法。

在刮涂腻子前物面要达到一定的要求。合理的钣金件安装，表面平整度的变形量应不超过 2 mm，物面应无裂口或未焊接的接缝等。裂口和缝隙会吸进潮气，腻子中的体质颜料会吸收潮气而导致锈蚀的产生，最终会破坏腻子和金属的结合。腻子厚度应合适，过厚的腻子层会降低涂层的性能。汽车在行驶中的振动和应变，会使过厚的腻子层及不合理的钣金件造成腻子层的裂纹、脱落。根据汽车涂层的质量要求合理选择腻子种类及正确的施工方法，关系到腻子填补缺陷的能力能否发挥，以及施工性能、施工进度和涂层的使用寿命。

腻子一般采用刮涂工具刮涂。刮涂的次数（层数）主要取决于物面的表面状况、施工质量要求、操作人员技术水平，一般刮涂 1~5 层，直到物面达到涂装的要求。

二、汽车涂层修补中常用的腻子种类和特点

1. 常用种类

汽车涂层修补中使用的腻子种类有很多。应根据被施工件的质量要求、表面材质以及腻子的功能进行选用。由于被施工件的平整度和光滑度主要由腻子来实现，为了达到施工目的和实现使用价值，各类腻子应具备一些基本特性。腻子的常用种类及其特性见表6—9。

表6—9　腻子的常用种类及其特性

种类名称	特性
聚酯腻子	1. 聚酯腻子由不饱和聚酯树脂、体质颜料、少量颜料及溶剂制成，要与固化剂调配后才能使用 2. 聚酯腻子干燥速度快、受气候影响小，附着力强、牢固不易开裂，刮涂、堆积、填充性能好，硬度高、打磨性好，表面细滑光洁，固化后收缩性小并有一定的缓蚀性 3. 聚酯腻子能与多种面漆配套使用，可以提高施工速度和产品质量
酚醛腻子	1. 酚醛腻子由中油度酚醛漆料与颜料、体质颜料混合研磨后加催干剂和200号溶剂汽油制成 2. 酚醛腻子具有刮涂性好、易打磨等特性
醇酸腻子	1. 醇酸腻子由醇酸树脂、颜料、大量体质颜料、适量催干剂及有机溶剂研磨制成 2. 醇酸腻子具有腻子层坚硬、附着力好、易刮涂等特性，但刮涂太厚不易干燥和打磨
硝基腻子	1. 硝基腻子由硝化棉、醇酸树脂、顺酐树脂、颜料、大量体质颜料和稀料制成 2. 硝基腻子干燥后易打磨 3. 硝基腻子用于填平涂有底漆的物面孔隙，或喷涂头道面漆后刮涂小的砂眼
过氯乙烯腻子	1. 过氯乙烯腻子由过氯乙烯树脂、醇酸树脂、增韧剂、颜料、体质颜料和少量溶剂（苯、酯、酮类）制成 2. 过氯乙烯腻子具有干燥快的特性，但不宜多次重复刮涂
环氧酯腻子	1. 环氧酯腻子由环氧酯与颜料、体质颜料混合研磨后加催干剂和二甲苯制成 2. 环氧酯腻子具有腻子层坚硬、耐湿性好，与底漆有良好的附着力，经打磨后表面光滑等特性 3. 环氧酯腻子需要烘干（先在50~60℃的温度下烘烤30 min，再升温至100~110℃烘烤1 h）
氨基烘干腻子	1. 氨基烘干腻子由氨基树脂、醇酸树脂、颜料、大量体质颜料、催干剂、二甲苯等制成，刮涂后需要烘干 2. 氨基烘干腻子具有附着力较好、易打磨、不粘砂纸等特性

续表

种类名称	特性
合金腻子	1. 合金腻子与金属和塑料都具有很好的附着力，一次可填补 5 mm 以上的孔洞或裂纹 2. 合金腻子耐热温度≤120℃ 3. 合金腻子具有一定的防锈作用，收缩率小，干燥速度快，气干性好，腻子层细腻、光滑、平整
天然硅藻土腻子	1. 天然硅藻土腻子是一种添加天然硅藻土的腻子 2. 天然硅藻土腻子的主要成分是 SiO_2，能够均衡地控制涂膜表面光泽度，增加涂膜的耐磨性和抗划痕性，附着力强、易刮涂 3. 天然硅藻土腻子具有快干、强度高、附着力大、耐候性强、抗冲击强度好、耐水性能好等特性 4. 天然硅藻土腻子存储时间比普通腻子长 1 倍
幼滑腻子	1. 幼滑腻子属于聚合腻子 2. 幼滑腻子是一种高度细腻、光滑的腻子。它与金属的附着力好，且表面细腻光滑，一次可填补 5 mm 以上的孔洞或裂纹 3. 幼滑腻子耐热温度≤120℃ 4. 幼滑腻子具有一定的防锈作用，收缩率小，干燥速度快，打磨方便 5. 幼滑腻子可与各种油漆配套使用
金属腻子	1. 金属腻子以专用树脂或专用混合树脂为基体材料，添加通用颜料、体质颜料（钛白粉、膨润土、滑石粉、瓷土粉、重质碳酸钙、气相二氧化硅），加入金属粉（铁粉、铝粉、铜粉等）等制成 2. 金属腻子与金属漆之间具有良好的结合力 3. 金属腻子具有突出的工艺性能、物理化学性能和力学性能
多用途不饱和聚酯腻子	1. 多用途不饱和聚酯腻子刮涂干燥后附着力强，具有良好的理化稳定性 2. 多用途不饱和聚酯腻子用于多种材质表面，特别适用于锌、铝材质
三组分超低温速干腻子	三组分超低温速干腻子在温度较低及湿度较大的环境中使用，其固化时间大大缩短，且固化后容易打磨，能够保证产品的外观质量
纤维腻子	1. 纤维腻子一次可填补 10 mm 以上的孔洞或裂纹，与金属的附着力好，使用方便 2. 纤维腻子具有强度高，收缩率小，干燥速度快，气干性好，与油漆的配套性好，腻子膜细腻、光滑、平整等优点
快固腻子	1. 快固腻子由聚酯、环氧树脂、体质颜料等多种原料制成 2. 快固腻子的耐温、耐酸、耐碱、耐化学腐蚀等性能良好 3. 快固腻子有快性、中性、慢性 3 种可选，温度适应性强

2. 特点

随着固化反应的进行，腻子中的树脂交联成网状结构，而体质颜料则被包裹在树脂网中。腻子固化后即使加热也不能熔化，而且在溶剂中也不能溶解。腻子属于热固性材料，固化反应整个过程放热，产生的初始游离基也在反应过程被结合而消失。

腻子的主要特点如下：

（1）使用方便。仅需要将主剂和固化剂混合均匀即可刮涂。

（2）强度高。固化过程无其他小分子副产物，内外一起固化。

（3）可烘烤。高温型腻子还具有耐 170℃烘烤的特点，可与各种烤漆配套使用。

（4）良好的配套性。与底漆、中涂底漆及面漆不发生咬底、起皱、开裂、脱落等现象，有较强的层间黏结力。

（5）良好的刮涂性能。垂直面厚涂时堆积性良好，无流淌现象，有一定的韧性，附着力好，刮涂时腻子不翻转；薄涂时腻子层均匀光滑。

（6）打磨性良好。腻子层干燥后软硬适中，易打磨不粘砂纸，能适应干磨、湿磨及机械打磨，打磨后腻子层边缘平整、光滑、无接口痕迹。

（7）干燥性能良好。能在规定时间内干燥、打磨。

（8）有一定的韧性和硬度。形成的腻子层可以防止汽车行驶中因振动、轻微碰撞引起的低凹或划痕。

（9）较好的耐溶剂性和耐湿性。不会引起涂层起泡。

三、腻子的施工工艺及注意事项

下面以聚酯腻子和快干腻子为例，阐述腻子的施工工艺及注意事项。

1. 聚酯腻子

（1）刮涂聚酯腻子的施工工艺。刮涂聚酯腻子前，表面应无油、无污物，凹陷处的旧涂层应铲除干净（见图 6—24），并用除油剂擦拭干净（见图 6—25）。

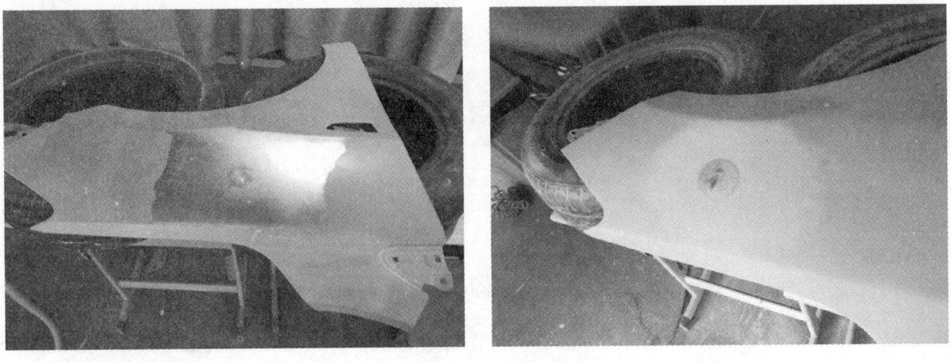

图 6—24　清除旧涂层

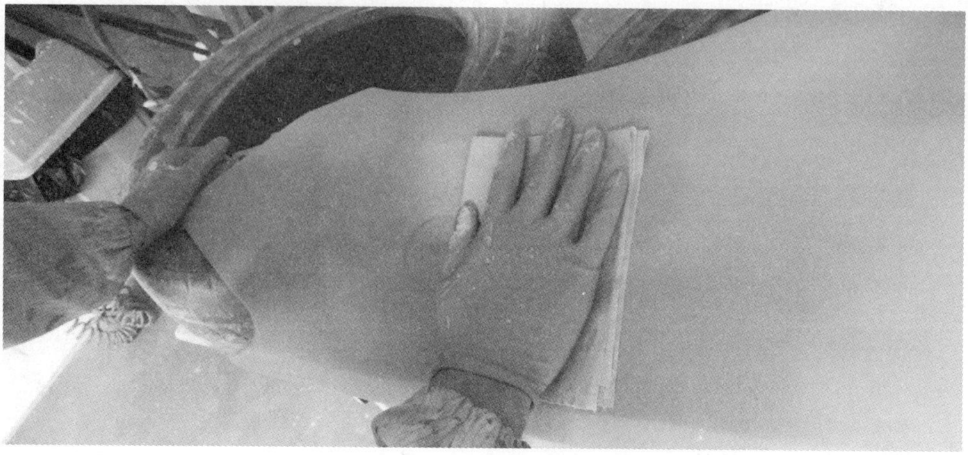

图 6—25　用除油剂擦拭表面

如果表面有面漆，缺陷处应使用打磨机做成羽状边，如图 6—26 所示。

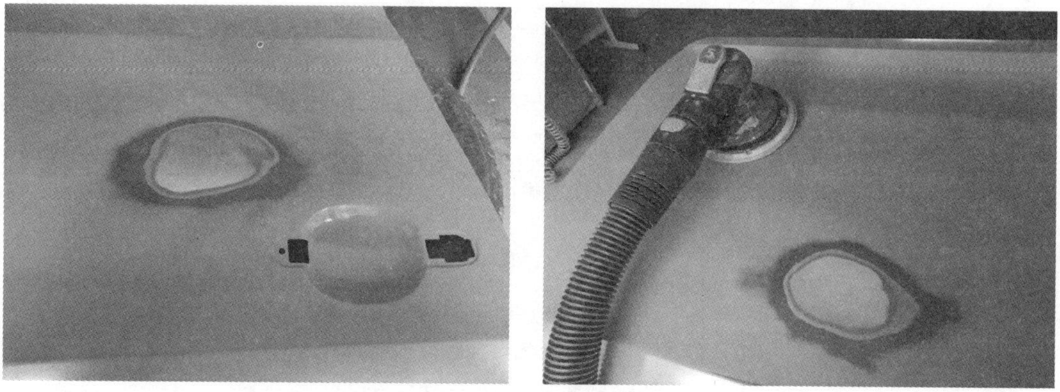

图 6—26　羽状边

刮涂聚酯腻子的施工工序如下：

1）聚酯腻子调配。聚酯腻子由主剂与固化剂组成，使用时需要将两组分按比例混合。一般主剂是淡灰泥浆状，固化剂色彩有黄、蓝、红等。施工前应将罐内的主剂调和均匀，底面稠度一致，以利于刮涂和固化。固化剂要先打开管盖将空气挤出，然后用两手掌在管外揉搓均匀。

调配时用刮刀把主剂拨在托板上，固化剂按主剂用量的 1%~3%加入（参照供应商的要求调配），用刮刀来回刮抹主剂和固化剂，使之混合均匀（从颜色混合均匀程度观察），如图 6—27 所示。混合不均匀则会引起固化不均匀、附着力差、起泡、剥落等。

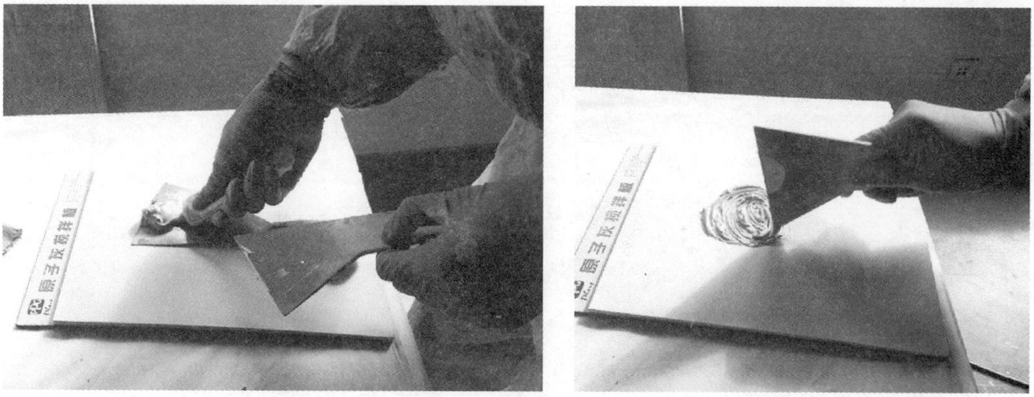

图 6—27　聚酯腻子调配

2）刮涂第一层聚酯腻子。刮涂第一层聚酯腻子（见图 6—28）只要求平整，不要求光滑。对汽车车身表面较大的凹坑刮涂，只要求初步平整，不要为了一次刮平而使聚酯腻子层厚度超过 5 mm。刮涂方向横、竖均可，以有利于填平凹坑为准则。

对汽车车体表面折口及轮廓线的损坏处进行刮涂时，要注意造型及平直性，为以后刮涂各层腻子操作打下良好的基础；小面积的缺陷不宜刮涂太厚。

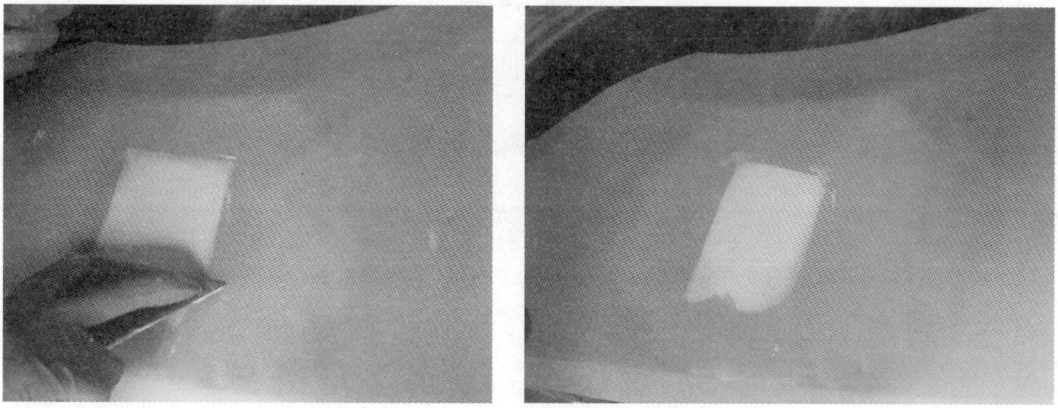

图 6—28　刮涂第一层聚酯腻子

3）聚酯腻子烘烤。第一层聚酯腻子刮涂完毕后，放在红外线烤灯下烘烤，如图 6—29 所示。

4）刮涂第二层聚酯腻子。刮涂第二层聚酯腻子的目的主要是填充前层腻子留下的砂孔、砂纸痕迹及遗漏的轻微凹陷。刮涂第二层聚酯腻子应使用弹性较好的橡胶刮涂工具或塑料刮涂工具，平面处也可用硬刮涂工具。

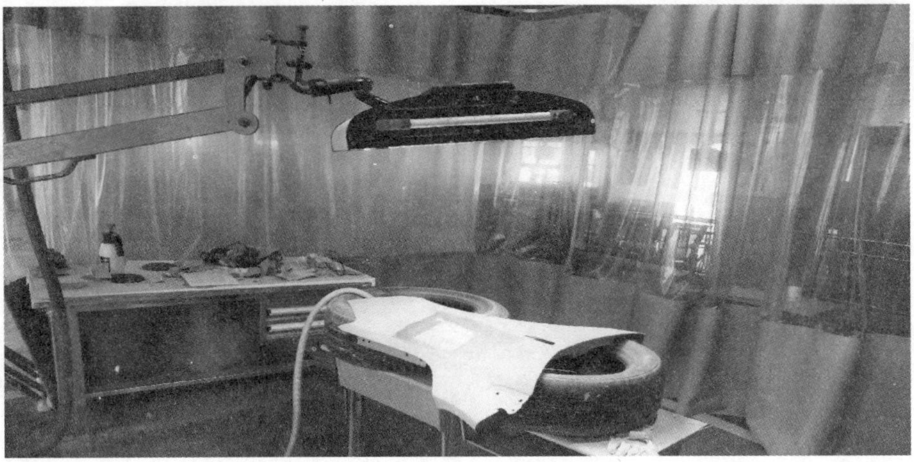

图 6—29　聚酯腻子烘烤

刮涂第二层聚酯腻子的施工原则是以光滑为主兼顾平整性。刮涂时手的压力要与刮涂工具弹性相结合，这样可使刮涂的腻子层平整光滑，如图 6—30 所示。

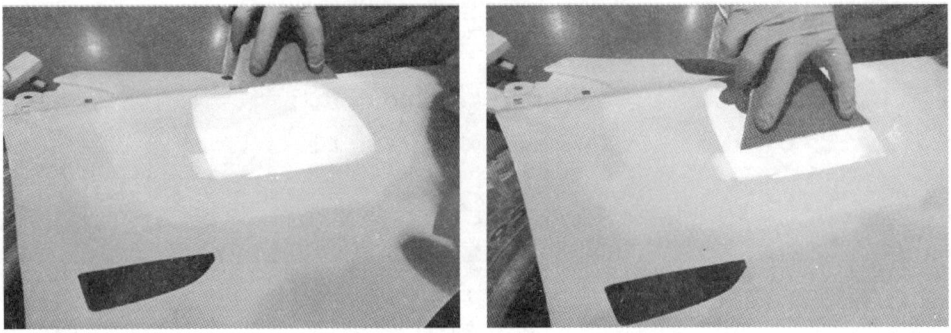

图 6—30　刮涂第二层聚酯腻子

5）重复烘烤工序。第二层聚酯腻子刮涂完毕后，放在红外线烤灯下烘烤直至干燥。

（2）打磨聚酯腻子的施工工艺。打磨聚酯腻子时建议采用干磨方法，不宜水磨。因为聚酯腻子的吸水性很强，当水磨的残留水分不能很好地挥发时，会导致涂膜起泡、剥落、金属底材锈蚀等现象。

打磨聚酯腻子层可采用手工或机械干磨（见图 6—31），主要是为了取得平整光滑的表面。机械打磨适用于修补面积较大且平整的物面，可降低劳动强度，提高工作效率。手工打磨适用于小面积和一些形状复杂的物面，如转角、折口、外形线、弧形、凹形部位等。打磨时两种方法可结合进行。

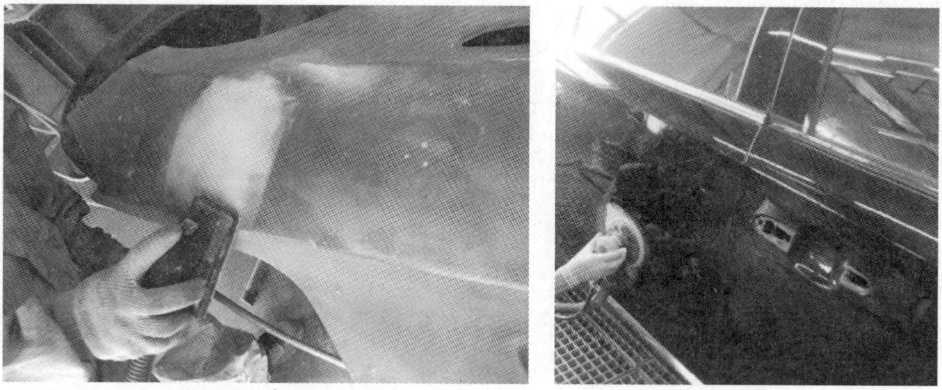

a)　　b)

图 6—31　打磨聚酯腻子方法

a）手工干磨　b）机械干磨

机械打磨腻子层用的打磨机有圆盘式（分为单圈圆形运动和双重圆形运动）和板式 2 种。打磨小面积腻子一般采用圆盘式打磨机，可用双重圆形运动打磨机，以避免产生较深的圆形磨痕。当打磨到与四周基准点接近时即可，以留出修整打磨的厚度。

下面介绍局部小面积打磨聚酯腻子工序。

1）打磨第一层聚酯腻子。第一层聚酯腻子的打磨只要求初步平整，不要求光滑。

①手工打磨可使用 P120 砂纸，打磨至物面最高点露底后，即以该最高点为基准，再修整平整度。

②打磨时产生的粉末会粘在砂纸的磨料上，使打磨工作受阻，应常拍打砂纸或更换砂纸以提高打磨效率。

③每次更换砂纸时都应涂炭黑指示层。

④手工打磨时注意沿打磨块长度方向，顺水平方向做来回往复运动。打磨幅度要适当长一些，以利于打磨平整。

⑤动作要平稳，用力要均匀，当物面最高点露底后，注意表面的平整性，防止过度打磨再次形成凹坑。

打磨局部刮涂的腻子层时，要注意腻子层与旧涂层基准面的平整度及腻子层边缘的平整性，以防产生腻子层边缘痕迹。打磨折口线、外形线、圆弧面时要注意造型及线条的平直性。

2）打磨第二层聚酯腻子。第二层聚酯腻子的打磨要求物面达到基本平整，无明显低凹，折口线、外形线、圆弧面造型与原型一致，注意线条的平直性。

①手工打磨时要恰当选用打磨块，如大平面要用大一些的打磨块，而棱角或较窄小的

部位则应选用小的打磨块；对于一些圆弧、凹弧或有型线的部位，则需要选用或仿制与其形状相似的打磨块。

②打磨满刮腻子层时，以车身流线型水平方向为主，垂直方向、斜交叉方向为辅。注意水平方向与垂直方向、斜交叉方向的平整性。

③动作要协调平稳，在水平方向打磨时来回幅度要大一些，在打磨中要经常用手抚摩砂磨面，以测定打磨程度。

④不要将腻子层磨穿，物面边口残余腻子要用砂纸磨平，以防边口出现齿形现象。

打磨局部刮涂的腻子层时，要注意打磨面的厚度与旧涂面的平整度，既不能高也不能低，打磨难度比满刮腻子层高。腻子层的边缘要既平整又平和。

2. 快干腻子

快干腻子俗称填眼灰、小灰等，主要用于刮涂普通腻子施工后产生的砂痕、砂孔及微弱凹陷。快干腻子有硝基型及双组分型，既可用于刮涂操作，也可用于喷涂操作。快干腻子色彩有白、红、黄等，可根据需要选用。此类腻子颗粒细腻、快干、易打磨，腻子边缘平滑。硝基型快干腻子在汽车修补涂装中使用普遍。

快干腻子的施工工艺及注意事项有：

（1）在托板上调匀后，应迅速刮涂。刮涂操作要快而灵活，腻子层以薄而均匀为宜，若需要适当厚度，用薄层多刮的操作方法来实现，即刮一层薄的，待干燥后再复刮一层的操作方法。刮涂面积过大时，刮涂操作会有一定的难度。

（2）快干腻子在薄涂时干燥很快，但在厚涂时表面易封闭，溶剂挥发会受到影响，干燥很慢，且堆积性差，因此快干腻子不能替代填充性腻子。

（3）在小面积单个修补中也可代替最后一道腻子层及二道底漆。在时间紧、修补面积小的情况下，仅为这一小块还要遮盖涂面及使用喷枪喷涂二道底漆，费时费工。若采用快干腻子薄层多刮的操作方法，既能消除砂痕、砂孔，又能起到二道底漆的封闭作用，省时省工，加快了施工速度。

（4）一般快干腻子刮涂于中涂底漆上，打磨后直接喷涂面漆。砂纸的选用应视物面精度要求及喷涂面漆的种类而定，一般选用 P400 ~ P800 水磨砂纸湿磨为宜；如果面漆是银色底漆或珍珠漆，则选用 P800 水磨砂纸较为适宜。

（5）快干腻子应让其自然干燥到硬化后打磨，过早打磨会产生收缩及打磨痕迹。打磨时应用打磨块衬水磨砂纸湿磨。对于一些高精度要求的物面，或快干腻子刮涂面积较大的部位，必要时还需要喷涂封闭底漆以保证涂层质量。

3. 其他注意事项

普通的腻子不能直接用在镀锌钢板上，只有专用的钣金腻子才可以。固化剂量太少会导致腻子层干燥慢，干燥后与金属结合力差，易起泡、剥落，打磨时腻子边缘平滑性差；固化剂量太多会产生过多的气体，从而产生气孔，影响整个涂层的质量。腻子主剂与固化剂配制后，要在可使用时间内（一般为 7 ~ 10 min，使用时间受温度与相对湿度的影响）用完。

经过配制后的腻子不能再装入原来的容器中。工具使用完毕后，应立即用稀释剂清洗干净，以免凝结而损坏工具。

不要把腻子刮涂在酚醛底漆、醇酸底漆和磷化底漆上，以免产生脱落、起泡现象。腻子可直接刮涂于黑色金属表面、高温烤漆和双组分漆上。

刮涂后的腻子层在干燥后（一般为 20℃时，1 h）才可打磨。当相对湿度高、温度低时，腻子层干燥时间要适当延长，也可用红外线灯强制干燥来缩短干燥时间。腻子刮涂层间不需要涂底漆，第一层腻子稍干即可重叠刮涂第二层腻子，不会发生面层封闭而使底层腻子不干的现象。

打磨腻子时，不要在周围的旧涂层上留下深的砂纸打磨痕迹，以防涂装面漆时，溶剂会从这些伤痕口渗透下去，使上层面漆涂装后产生一些涂膜缺陷。

腻子的保存期比其他涂料品种的保存期短，一般为生产后 6 ~ 12 个月，请参照生产商的要求。

第 5 节　中涂底漆的施工

学习目标

通过本节的学习培训，学员能够：

（1）了解中涂底漆的作用。

（2）熟悉中涂底漆的种类。

（3）掌握中涂底漆的施工工艺。

一、中涂底漆的作用

中涂底漆是底漆与面漆之间的一个中间涂层，其主要作用体现在以下几个方面：

1. 增强涂层与涂层之间的连接。

2. 对底层涂膜和腻子层表面细小缺陷起到填充作用。

3. 良好的隔离作用，如图 6—32 所示。

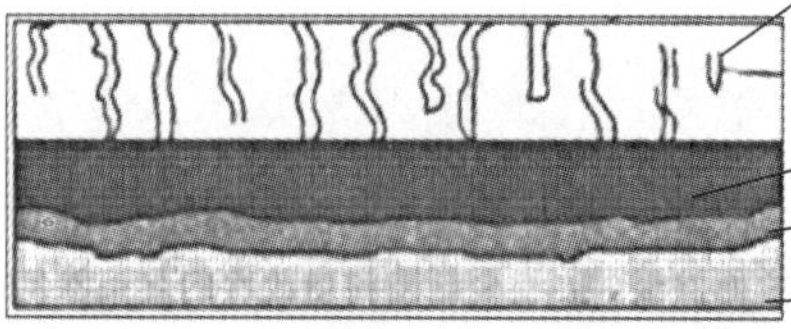

图 6—32　汽车涂膜结构和中涂隔离作用

4. 耐盐雾、耐酸碱、耐潮湿、抗紫外线的作用。

5. 良好的抗冲击作用。中涂底漆能有效地缓冲外力对涂层的破坏。

6. 打磨后具有美观作用。中涂底漆打磨后表面平整光滑，无起皱、脱皮等现象。局部修补时，修补边缘可以过度平滑无接口痕迹。

由于中涂底漆对整个涂层的影响较大。因此，必须重视中涂底漆在涂层中的作用，重视中涂底漆的施工质量。

二、中涂底漆的种类

选用中涂底漆时，需要先了解中涂底漆的种类。正确选用中涂底漆，对汽车整个涂膜的外观和性能影响较大。中途底漆有不同的分类原则。

1. 按照溶剂分类

按照溶剂分类，中涂底漆可分为溶剂型中涂底漆、水性中涂底漆等。

2. 按照树脂分类

按照树脂分类，中涂底漆可分为双组分环氧中涂底漆、硝基中涂底漆、双组分聚氨酯丙烯酸中涂底漆等。

3. 按照固化机理分类

按照固化机理分类，中涂底漆可分为溶剂挥发型中涂底漆、双组分聚合中涂底漆等。

三、中涂底漆的施工工艺

中涂底漆施工流程如图 6—33 所示。

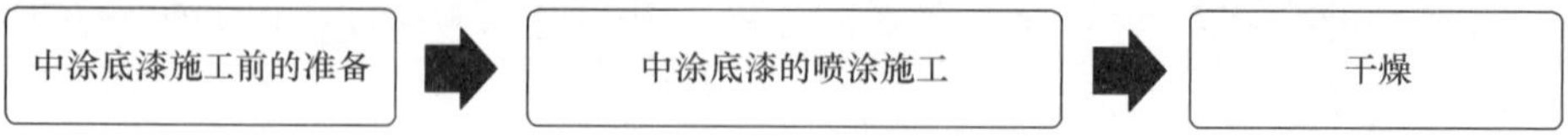

图 6—33　中涂底漆施工流程

1. 中涂底漆施工前的准备

（1）喷涂中涂底漆前需要对车身或工件表面进行清洁。使用专用清洁剂，采用“一湿一干”的方法。如果喷涂水性中涂底漆，需要严格按照涂料使用说明进行清洁。

（2）遮蔽非喷涂区域。对非喷涂区域用胶带、遮蔽纸进行遮蔽，避免由于涂料飞溅产生污染。

（3）使用粘尘布粘尘。喷涂前需要使用粘尘布，轻轻擦拭车身或工件表面。

（4）正确选用中涂底漆喷枪。中涂底漆喷涂需要选用口径稍大的喷枪进行喷涂，避免中涂底漆黏度过大产生喷枪堵塞。中涂底漆喷枪选用参考见表 6—10。

表 6—10　　中涂底漆喷枪选用参考

中涂底漆种类	中涂底漆黏度（涂-4 黏度计）（s）	喷枪口径（mm）
双组分环氧中涂底漆	16~18	1.7
硝基中涂底漆	16~20	1.7~2.0
双组分丙烯酸聚氨酯中涂底漆	16~18	1.5~1.7

（5）中涂底漆过滤。由于中涂底漆内填充材料较多，喷涂前必须用专用过滤网对中涂底漆进行过滤并检查。

（6）中涂底漆在喷涂前需要进行充分的搅拌。因为中涂底漆内填充材料很多，沉淀比较严重，如果不进行充分的搅拌容易造成涂膜过薄，填充能力变差。

（7）喷涂作业必须在专用喷房内进行，喷涂用的压缩空气要求干燥清洁。例如，喷涂水性漆时，喷房风速要求不大于 0.8 m/s，喷房温度控制在 18~30℃之间，湿度在 30%~70%。

2. 中涂底漆的喷涂施工

一般中涂底漆喷涂两层，每层的闪干时间在 5~10 min（在 20℃条件下）。喷涂方法是：第一层均匀薄喷，第二层湿润喷涂。喷涂完成后要求涂膜表面丰满，无明显橘纹和露底。

3. 干燥

中涂底漆可采用自干的方法进行干燥，也可以采用低温烘烤的方法进行强制干燥。具体可以参照产品说明书的要求。

4. 施工注意事项

（1）调配好的中涂底漆需要在供应商提供的产品规定使用时间内用完。未及时用完的中涂底漆会固化，所以调配时必须视用量进行调配，过多的调配会导致涂料的浪费。

（2）中涂底漆调配时，不可随意改变固化剂和稀释剂的调配量。

（3）中涂底漆喷涂完成后需要立即对喷枪等工具进行清洗，以免中涂底漆在喷枪内固化造成堵塞。

（4）喷涂施工时，必须佩戴个人防护用品。

第 6 节　面漆的施工

学习目标

通过本节的学习培训，学员能够：

（1）了解面漆的特性。

（2）熟悉面漆的种类及用途。

（3）掌握单工序面漆的施工工艺。

一、面漆的特性

汽车车身面漆是汽车最外层的涂层，具有车身外观装饰、车身保护、车辆标志功能。

1. 装饰性

不论是对汽车客户还是对汽车本身而言，汽车面漆靓丽的色彩都是非常重要的。

汽车面漆从最初单一的纯黑色面漆，一直发展到现在的金属漆、珍珠漆等各种面漆。不同的涂膜效果不仅可以装饰汽车，也会让周围的环境变得丰富多彩，这是面漆成为现代涂料重要组成部分的主要原因。丰富多彩的车身见彩图 9。

2. 保护性

汽车面漆是汽车车身整个涂层中最终的一个涂层，其担负着整个涂层最外层的防护作用。由于汽车面漆直接与车辆的使用环境接触，所以面漆需要有较强的耐候性、耐酸碱性、耐盐雾性、耐腐蚀性等性能，使车身涂层在各种条件下保持稳定。

3. 标志性

汽车面漆的标志性是通过涂料色彩体现的。在汽车上喷涂不同的图案和色彩，可以表示出车主的个性、城市的主题，也可以区别出不同用途的汽车。图案、色彩各异的车如图 6—34 所示。

由于世界各国的文化不同，人们对色彩标志的理解也是不一样的。在意大利，黄色和

图 6—34　图案、色彩各异的车

红色就非常受欢迎，很多著名的意大利跑车都以黄色、红色作为车身色彩。我国邮政车采用绿色（见彩图 10），象征热爱和平、青春、繁荣；一些英联邦国家的邮政车则采用红色，代表“十万火急、刻不容缓”。所以，在选择车身色彩、车身图案的时候，要对色彩、图案象征意义有一定的了解，要知道车辆的用途。

下面讲述几种典型车身色彩的象征意义。

（1）红色。红色对视觉的冲击是最强的，在我国红色代表吉祥，让人觉得活跃、热烈，但在有的场合又代表警示。由于红色是充满活力的色彩，非常适合跑车、运动型汽车；又由于它具有警示作用，所以是很多特种车辆的车身色彩，如红色消防车（见彩图 11）。

（2）黄色。黄色让人有新生、明快、充满活力的感觉。由于黄色属于膨胀色，小型车用黄色非常适合；另外，黄色也有警示、注意的作用，如工程车常使用黄色。

（3）蓝色。蓝色属于冷色调，让人有宁静、理智、安详的感觉。有些车主为了凸显自己的个性，也会选用蓝色汽车。

（4）绿色。绿色是由黄色和蓝色混合所形成的，它给人的感觉既有黄色的明朗，也有蓝色的神秘感。绿色是大自然的色彩，绿色的环境充满活力，让人愉悦。绿色还有和平、青春、生命、繁荣的含义。

（5）黑色。黑色让人觉得严肃、庄重。20 世纪 90 年代末期，汽车的色彩基本都以黑色为主，一些高端品牌更是以黑色作为品牌身份的象征。但是黑色因为在夜晚与路面的对比度较小，所以在夜晚或多或少会影响驾驶员的判断，容易造成交通事故。

（6）白色。白色让人觉得纯洁、大方。白色也属于膨胀色，容易使小车显得更大。但是白色由于色彩成分的关系，长期使用容易变黄。

二、面漆的分类

面漆是汽车涂层中非常重要的组成部分，其分类很多、应用也很广泛。不同面漆成膜的效果也是不同的。面漆可以按照不同标准进行分类。

（1）按照溶剂分类。面漆可分为溶剂型漆、水性漆。

（2）按照固化机理分类。面漆可分为溶剂挥发型漆、双组分聚合型漆、热聚合型漆。

（3）按照涂膜装饰效果分类。面漆可分为清漆、金属漆、珍珠漆、素色漆、锤纹漆、浮雕漆等。

（4）按照施工工序分类。面漆可分为单工序漆、双工序漆、三工序漆。

虽然面漆的分类标准有很多，但是每种分类相互之间的界线不是绝对的，可以相互交叉。面漆的施工分类如图 6—35 所示。

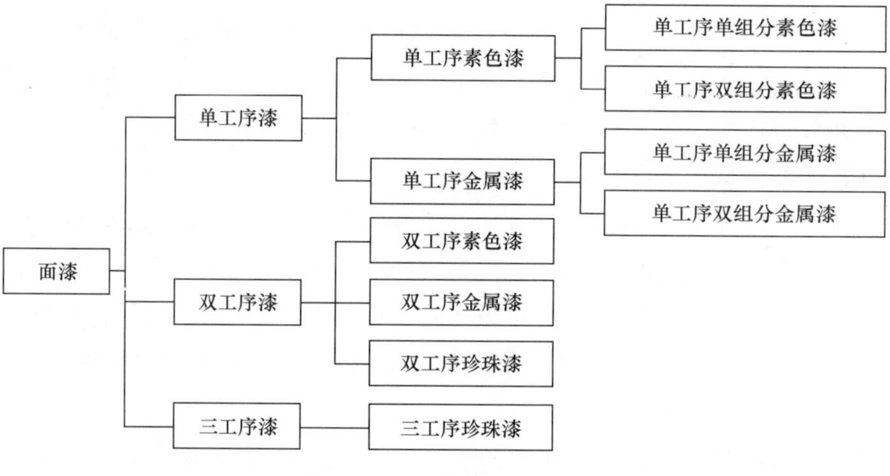

图 6—35　面漆的施工分类

三、单工序面漆的施工工艺

单工序面漆是指通过单道作业工序就可以完成面漆施工的面漆涂料。单工序面漆由于喷涂施工方法简单、最终涂膜效果较好，所以在汽车生产上应用比较广泛。目前，单工序面漆主要分为双组分素色漆、单组分素色漆、双组分金属漆、单组分金属漆，其中单组分素色漆和单组分金属漆应用较少。

1. 双组分素色漆

双组分素色漆属于聚合反应固化的材料，是由油漆、固化剂混合反应后成膜的。其特点是干燥速度快、有较高的光泽度、耐候性强、固含量高等。

双组分素色漆施工时，可以根据需要适当添加稀释剂来调整施工黏度。双组分素色漆施工流程如图 6—36 所示。

施工前的准备 → 双组分素色漆的喷涂施工 → 干燥

图 6—36　双组分素色漆施工流程

（1）施工前的准备

1）对车身或工件表面进行检查。确定车身或工件表面平整光滑、轮廓清晰、无砂眼针孔等缺陷，如图 6—37 所示。

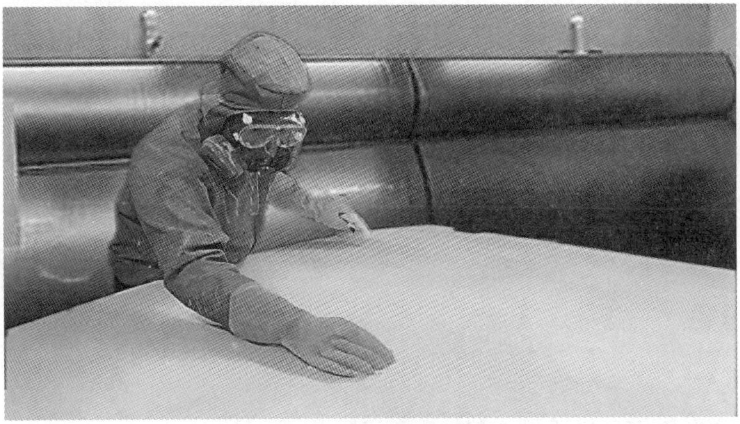

图 6—37　表面检查

2）对车身或工件表面打磨。一般采用 P600 ~ P800 砂纸对车身或工件表面进行打磨，表面粗糙度达到符合双组分素色漆的涂装要求。

3）遮蔽非喷涂区域。对非喷涂区域用胶带、遮蔽纸进行遮蔽，避免涂料飞溅产生污染。

4）喷涂前对车身或工件表面进行清洁。使用专用清洁剂进行清洁，采用“一湿一干”擦拭法，如图 6—38 所示。如果喷涂的是水性面漆，需要根据涂料的要求进行除油和除水 2 次清洁。

5）使用粘尘布粘尘。喷涂前需要使用粘尘布轻轻擦拭车身或工件表面进行粘尘。擦拭时不要重压，以免粘尘布上的清漆粘到作业面上造成缩孔。

6）调配双组分素色漆。双组分素色漆需要按照供应商提供的产品使用说明中的调配

图 6—38　“一湿一干”擦拭法

比例进行调配，并将涂料黏度调整至操作范围内。

一般溶剂型涂料黏度调整至 10~21 s 范围内（涂-4 黏度计、20℃）。调配双组分素色漆如图 6—39 所示。

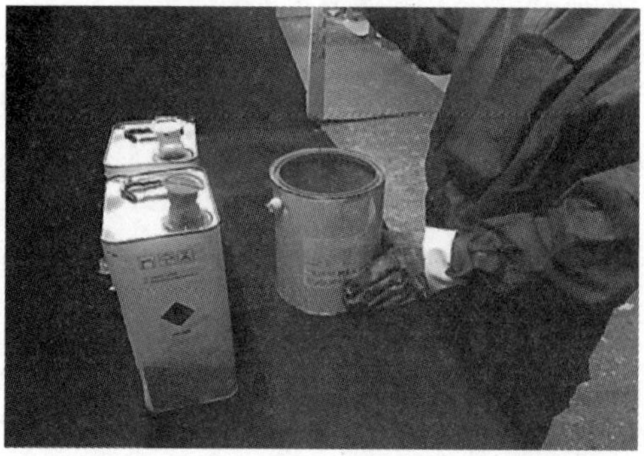

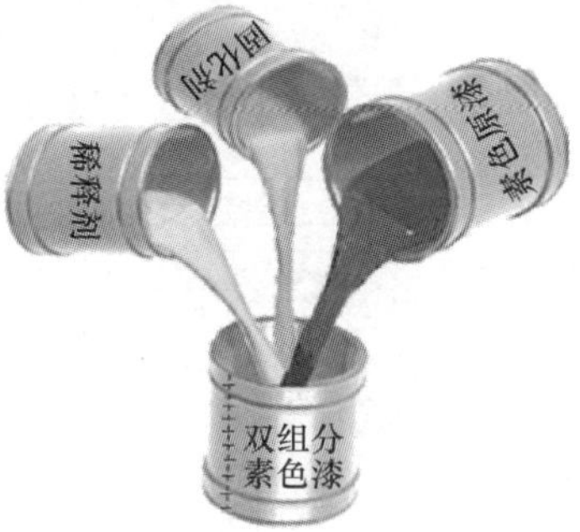

图 6—39　调配双组分素色漆

7）过滤双组分素色漆。用专用过滤网对涂料进行过滤并检查，确保涂料清洁无杂质。

8）正确选用面漆喷枪。调整喷枪的出漆量、气压、雾化面等。

9）喷涂作业必须在专用喷房内进行。喷涂用的压缩空气要求干燥清洁。如果喷涂水性漆，喷房风速需要不大于 0.5 m/s，喷房温度控制在 18~30℃之间，湿度控制在 30%~70%之间。

（2）双组分素色漆的喷涂施工

1）喷涂顺序。喷涂时应遵循从上到下、从内到外的原则。喷涂时尽可能地避免飞漆溅到临近部位。

2）喷枪技术参数调整。喷涂距离保持在 15~20 cm，喷涂气压控制在 0.35~0.5 MPa，喷幅重叠在 1/2~2/3，喷枪雾化面需要与喷涂面保持垂直。喷涂方法如图 6—40 所示。

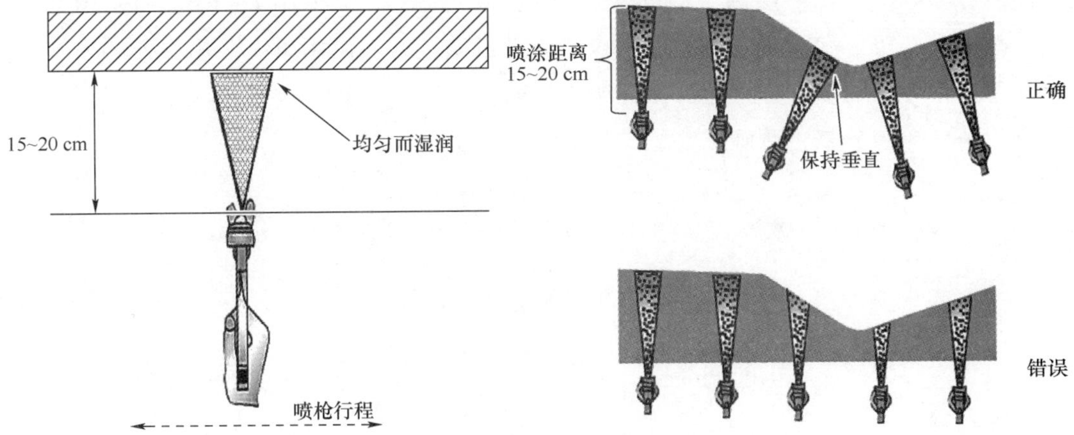

图 6—40　喷涂方法

3）喷涂层数选择。双组分面漆一般选择喷涂两层。

第一层中等湿度薄喷。喷涂完成后检查表面有无缺陷。如果有缩孔、咬底等缺陷，应立即停止施工。在第一层喷涂完成后，若无不良情况应进行闪干，闪干时间根据施工环境和材料要求确定。

闪干完成后喷涂第二层。第二层喷涂即最后一层喷涂，喷涂前可略微降低涂料黏度、适当提高喷涂气压。适当提高喷涂气压可以使喷枪的雾化效果更好。喷涂时需要注意喷枪移动速度、喷幅重叠、喷涂距离等技术参数的控制，由此获得丰满、光亮的涂膜效果。

若涂料的色彩遮盖力较差，可根据需要增加一层或两层喷涂，直至底色全部覆盖后结束喷涂。

（3）干燥方法。双组分素色漆可采用自干或者低温烘烤的干燥方法。低温烘烤的方法属于强制干燥，具体可以参照产品说明书的要求。

（4）施工注意事项

1）调配好的双组分素色漆需要在供应商提供的产品规定使用时间内用完。因为未及时用完的双组分素色漆会固化，所以调配时必须视需要进行调配，过多的调配会浪费涂料。

2）双组分素色漆喷涂完成后需要立即对喷枪等工具进行清洗，以免双组分素色漆对工具造成损坏。

3）喷涂施工时必须佩戴个人安全防护用品。

2. 单组分素色漆

单组分素色漆属于溶剂挥发后固化的材料。单组分素色漆中应用较多的是硝基纤维漆、丙烯酸酯漆等。单组分素色漆的特点是固含量低、材料使用量大、耐候性差、容易失光。单组分素色漆与双组分素色漆相比附着力略差、漆面较软、抗冲击能力低，但其涂膜可重新溶解。单组分素色漆施工流程如图 6—41 所示。

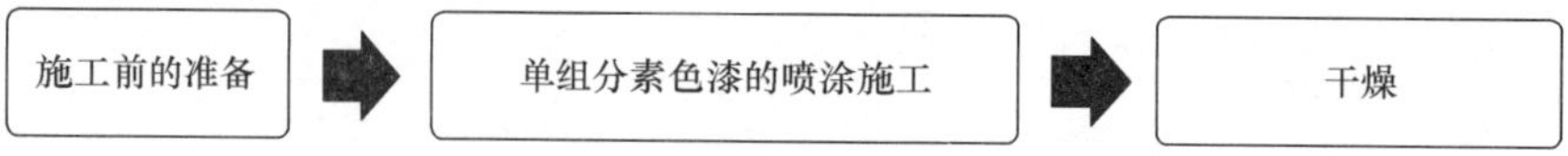

图 6—41　单组分素色漆施工流程

单组分素色漆喷涂施工前的准备、喷涂施工、干燥方法和注意事项可参照双组分素色漆的相关内容。

3. 双组分金属漆

双组分金属漆施工流程如图 6—42 所示。

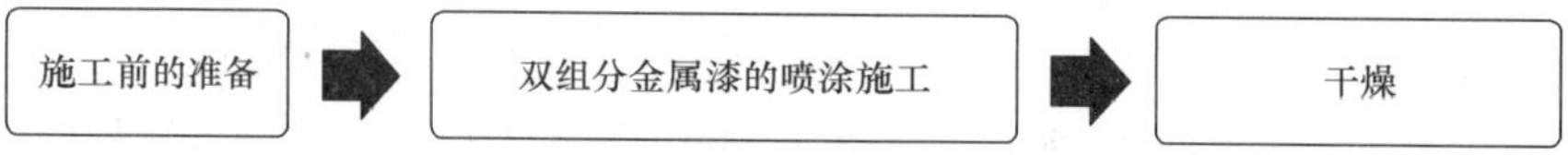

图 6—42　双组分金属漆施工流程

双组分金属漆喷涂施工前的准备可参照双组分素色漆的相关内容。

双组分金属漆可采用自干或者低温烘烤的干燥方法，具体可以参照产品说明书要求。

双组分金属漆的施工注意事项如下：

（1）喷涂完成静置 10~15 mm 后需要除去遮盖纸、胶带，避免遮盖纸、胶带与漆面之间接口变毛糙。

（2）喷涂完成后需要立即对喷枪等工具进行清洗，以免涂料对工具造成损坏。

（3）喷涂施工时必须佩戴个人防护用品。

第 7 节　抛光和打蜡

学习目标

通过本节的学习培训，学员能够：

(1) 了解抛光和打蜡的作用。

(2) 熟悉抛光和打蜡的材料。

(3) 掌握抛光和打蜡的施工工艺。

一、汽车涂膜抛光和打蜡的作用

随着我国汽车产业不断发展，汽车漆面的维护和保养已经从单一的清洁上光，发展为清洁、上光、防腐、抗静电、抗紫外线等多种功能集合在一起的综合工作。无论现在还是未来，汽车涂膜抛光和打蜡工艺，都是专业人员、消费者所关注的热点之一。

1. 抛光的作用

抛光是利用柔性工具、磨料和其他抛光介质对工件表面进行研磨加工，使工件表面增加光泽度和平滑度的加工工艺。抛光工艺不能提高工件的尺寸精度和几何形状。

涂膜需要抛光是因为存在缺陷，缺陷一般来自以下两方面：

(1) 新涂膜表面。在新车喷涂涂膜时，由于操作者技能不熟练、施工环境不适宜和施工工艺不完整等原因，涂膜表面出现流挂、粗粒、橘皮、发白、失光，以及局部喷涂时产生的飞溅、局部修补造成的涂膜交界处痕迹等缺陷，均可通过抛光处理来修复。

(2) 旧涂膜表面。车辆在使用过程中由于长年累月受到阳光、风沙、雨雪、温差等不良环境的影响，导致车辆涂膜表面出现氧化、褪色等缺陷。这些缺陷光靠简单的水洗是不能消除的，需要进行抛光处理来修复。

2. 打蜡的作用

打蜡能够有效地保护涂膜免受外界物质的侵蚀，其主要作用有以下几点：

(1) 提高光泽度。提高光泽度是打蜡最基本的作用之一。涂膜表面经过打蜡都会不同程度地改善光泽度，使涂膜表面光鲜靓丽。

(2) 防水。车辆在使用过程中难免会受到风吹雨淋。由于水滴残留在涂膜表面，受到阳光照射后会产生“凸透镜”的聚焦现象，导致涂膜产生暗斑，严重时更会产生表面侵蚀现象。

汽车涂膜表面打蜡以后对水会有排斥作用，使水不容易附着在涂膜表面。通过打蜡可以有效减少汽车涂膜表面的水滴残留。

(3) 抗高温。打蜡后的涂膜表面会对入射光进行有效地反射，防止由于光线的照射导致涂膜变色、老化，由此延长整个涂层的使用寿命。

(4) 防静电。汽车在行驶过程中，空气中的尘埃与汽车涂膜表面相互摩擦后会产生静电。静电的产生通常不会让人体感到不适，但是在接触放电时可能有电击的不适感。科学研究表明：静电在人体内积聚到一定程度后可危害健康，会引起脑神经细胞膜电流传导异常，影响人的中枢神经，使人出现头晕、头痛、烦躁、失眠、食欲不振、焦躁不安、精神恍惚等症状。

汽车涂膜表面打蜡后可以防止静电的产生，其原理是：通过打蜡阻隔空气中的尘埃与汽车涂膜表面接触，大幅度降低带电尘埃在汽车表面的吸附，有效防止汽车表面产生静电。

（5）抗紫外线。日光中的紫外线较容易射入车身漆面。充分考虑紫外线的特性，在汽车涂膜表面打抗紫外线车蜡，能最大限度地降低紫外线对车身漆面的伤害。

（6）其他作用。汽车涂膜表面打蜡还具有防酸雨、防盐雾、方便清洁等作用。

二、常用的抛光剂和车蜡类型

汽车车身表面抛光剂是由蜡、研磨剂、液体介质、添加剂等物质组成的一种精细化工制品，主要用于工件表面的光泽度提升、防护和研磨等。

1. 抛光剂的类型

目前市场上的抛光剂品种繁多，其主要的分类方法有：按其形态不同分为固体类、液体类等，按其作用不同分为防水类、防高温类、防静电类、防紫外线类等，按其功能不同分为研磨类、复原类、上光类等，按其成分不同分为石蜡、树脂蜡、合成蜡、混合蜡等。

常用的抛光剂如下：

（1）全能抛光剂。全能抛光剂是由细微砂粒（简称微粒）、去污剂、还原剂等多种成分组成的抛光材料。全能抛光剂其独特的研磨微粒能增强抛光力度且不损伤涂面，抛光后残留物少且易擦净，并可消除涂面划痕、失光、泛色、氧化层、粗粒、橘皮及局部喷涂后的边缘痕迹等缺陷。

（2）还原抛光剂。还原抛光剂是一种性质温和的通用型抛光剂。还原抛光剂可消除涂膜表面的氧化层、泛色、轻度划痕等，还具有一定的还原性，可确保涂膜表面平滑光亮。

（3）釉质抛光剂。釉质抛光剂含有分子釉剂，有较强的耐水、耐油、耐高温、耐酸碱、抗磨损性，使用后在涂面上可形成釉质保护膜，密封时间可长达 1 年左右。这类抛光剂一般都含有蜡和硅氧烷的成分。釉质抛光剂可去除前道抛光作业时产生的光环、划痕，增加涂膜表面的光泽度，使涂膜表面光滑、光亮。

应根据需要正确地选用抛光剂。例如，喷涂前选用的抛光剂内不能含有蜡和硅氧烷成分。因为蜡和硅氧烷都能起到抗水、抗高温、增光及防涂膜氧化的作用，一旦被涂面上的蜡和硅氧烷未清除干净，会导致喷涂面漆时涂膜表面产生缩孔。

2. 车蜡的类型

车蜡是保护汽车涂膜表面的保养物，以天然蜡或合成蜡为主要成分。车蜡通过打蜡工艺渗透入涂膜表面的缝隙中，使涂膜表面达到平整、光亮的效果。

传统的车蜡主要以上光为主，但随着汽车美容业的快速发展，车蜡已经既能上光，又能产生薄膜来保护涂膜表面。

常用的车蜡如下：

（1）彩色蜡。彩色蜡为黏稠的乳状物，内含天然巴西棕榈蜡、油分、添加剂、增色剂等。涂膜打蜡后的蜡膜，一般可以维持 3 个月左右的有效时间。彩色蜡具有保护涂膜、修复褪色、提高涂膜的光泽度和丰满度、减轻或修复涂膜表面划痕等作用。目前，彩色蜡有白色、红色、黄色、绿色、蓝色、黑色、灰色等多种色彩可以选择。

（2）含釉成分蜡。含釉成分蜡俗称太空釉，内含多种聚合物。涂膜打蜡后的蜡膜，一般可以维持 12 个月左右。含釉成分蜡的蜡膜能有效增加涂膜的光泽度，具有抗腐蚀、抗氧化等作用。

（3）含特氟龙蜡。含特氟龙蜡以特氟龙为主要原料，内含抛光剂。含特氟龙蜡可深入涂膜表层，对涂膜封闭性、光滑性有较好的提升作用。含特氟龙蜡具有消除涂膜表面泛色或轻微划痕的作用。其蜡膜具有牢固、持久等优点，以及防酸雨、防盐雾、防潮湿、防氧化等作用。

（4）巴西棕榈蜡。巴西棕榈蜡以从巴西棕榈中提取的精华卡娜巴为主要成分，具有巴西热带植物特有的香味。其代表产品“钻石蜡”有钻石般的高贵品质。使用巴西棕榈蜡后，涂膜表面会产生水晶般的效果，具有高亮度的视觉效果和柔顺的手感。巴西棕榈蜡的蜡膜具有坚硬、光滑的特点，同时具有驱水、泄尘、抗 UV（紫外线）、抗洗涤等作用，并能长时间保留。

（5）含研磨剂蜡。含研磨剂蜡为黏稠的乳状物，内含抛光剂和蜡两种成分，具有抛光和上蜡的双重功能。含研磨剂蜡虽然有上蜡的效果，但保持时间不长，需要再进行打蜡防护或其他措施进行保护。含研磨剂蜡的蜡膜可消除涂膜表面泛色、轻微划痕及抛光后产生的光环。含研磨剂蜡可以简化抛光、上蜡的多道工序，适用于车辆上光。

三、抛光和打蜡的施工工艺

抛光剂、车蜡的种类有很多，其性能各异。只有根据涂膜状况和使用环境来正确选用抛光剂和车蜡，才能获得最佳效果。

除了涂料本身质量外，掌握正确的抛光和打蜡施工工艺也是提高涂膜质量、增加涂膜美观性的重要影响因素。

1. 抛光施工工艺

抛光的施工流程如图 6—43 所示。

图 6—43　抛光施工流程

（1）抛光前的准备工作

1）抛光前检查涂膜是否干燥。一般新喷涂料在无强制干燥的环境下，低温挥发时间可达 8~16 h，双组分涂料低温挥发时间可达 36 h。有强制干燥的条件，可根据供应商提供的使用说明来确定操作时间。

注意：抛光工艺必须在涂膜彻底干燥并冷却后才能进行。

2）检查涂膜表面是否有缺陷。如果涂膜表面缺陷无法通过研磨方式来消除，则需要重新进行喷涂。在进行抛光和打蜡作业时，操作人员必须佩戴劳动防护用品，如图 6—44 所示。

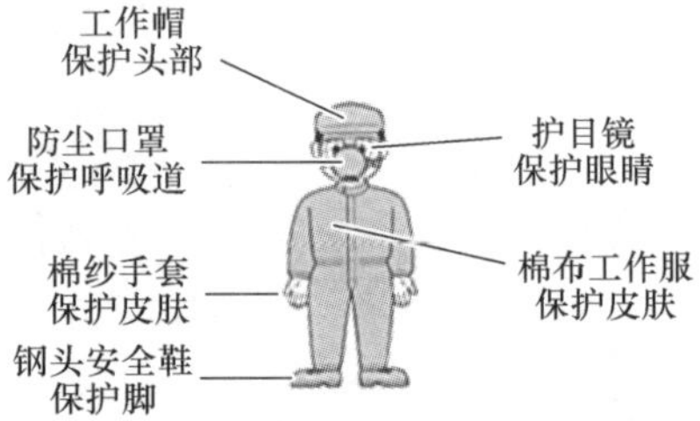

图 6—44　抛光和打蜡作业的劳动防护用品

3）抛光前的清洗。旧涂膜抛光前必须先对涂膜进行清洗，以防止抛光时损坏涂膜，新喷涂的涂膜可以免清洗。

车身涂膜清洗方法如下：

①遵循由上到下、由左到右的原则。用清洗喷枪冲洗车身表面上的泥沙和浮尘，清洗喷枪水压小于 7 MPa。

②用泡沫机或泡沫喷壶喷涂泡沫至车身表面，要求均匀无遗漏；然后用专用洗车海绵清洗车身。

如果车身表面有封蜡，则需要先将脱蜡洗车液均匀地喷涂于封蜡的涂膜表面，停留 3~5 min 后，待封蜡开始溶解，用半湿棉布擦拭涂膜表面。脱蜡清洗需要进行多次操作，直至表面封蜡被彻底清除为止。

③采用清洗喷枪用水冲洗整车，直至全车污渍全部清除为止，如图 6—45 所示。

图 6—45　车身清洗

④用干净棉布擦拭车身表面的水渍，直至表面清洁干燥。

4）抛光前的研磨

①修整涂膜表面的轻微缺陷，并研磨待抛光区域。用弹性海绵块或研磨块衬 P1500～P2000 水磨砂纸蘸水后，轻轻地把流挂、凸点、粗粒、轻微划痕等研磨平整，如图 6—46 所示。

②研磨采用“圈打磨”的方法，避免损坏缺陷以外的区域。研磨时要注意加肥皂水润滑，防止涂膜表面出现大的划痕。

③研磨时要特别注意工件折口、棱角及高出物面等部位的涂膜，这些涂膜相对较薄，研磨时抛光机触及机会较多，要特别防止边缘磨穿，如图 6—47 所示。

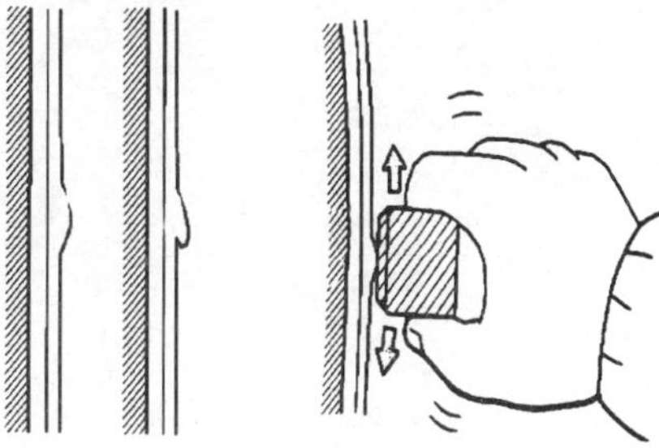

图 6—46　研磨缺陷

图 6—47　防止边缘磨穿

④缺陷区域研磨完成后，再按顺序将整个涂面研磨一遍。使涂面达到表面无光的程度，完成以后清洗涂面并擦净、干燥。

（2）抛光作业。用软布或海绵块将抛光剂均匀地涂于待抛光涂膜表面上；将抛光机的转速调至 1 000～1 800 r/min，同时确保抛光机的研磨盘充分湿润；用手把抛光盘上的水分挤去，再启动抛光机并甩去多余的水分；完成后将研磨盘按压在抛光涂膜表面上，开始抛光处理。

注意：切忌在抛光机未接触抛光涂膜表面前就启动抛光机，这样会导致涂膜表面划伤。抛光机的正确操作方法如图 6—48 所示。

在抛光过程中，抛光机需要不停地在涂膜表面上移动，不要停留在某处不移动，因为这样会导致涂膜表面灼伤。可以向工件的涂膜表面适量喷水，防止工件变热。

抛光应遵循由上而下、沿水平方向的顺序来回研磨。研磨面积不宜过大，要一块一块地进行，最后用干净软布把涂膜表面上多余的抛光剂擦干净。若发现某部位涂膜表面还不能达到质量要求时，可重复研磨直至符合质量要求为止。下面介绍板块抛光和局部抛光的操作过程：

1）板块抛光。首先将抛光剂均匀地涂抹在需要抛光的工件表面，按上述抛光方法进行抛光，完成后，为了确保涂膜表面更平滑且有光泽，可用质地更细的抛光剂进行第二次

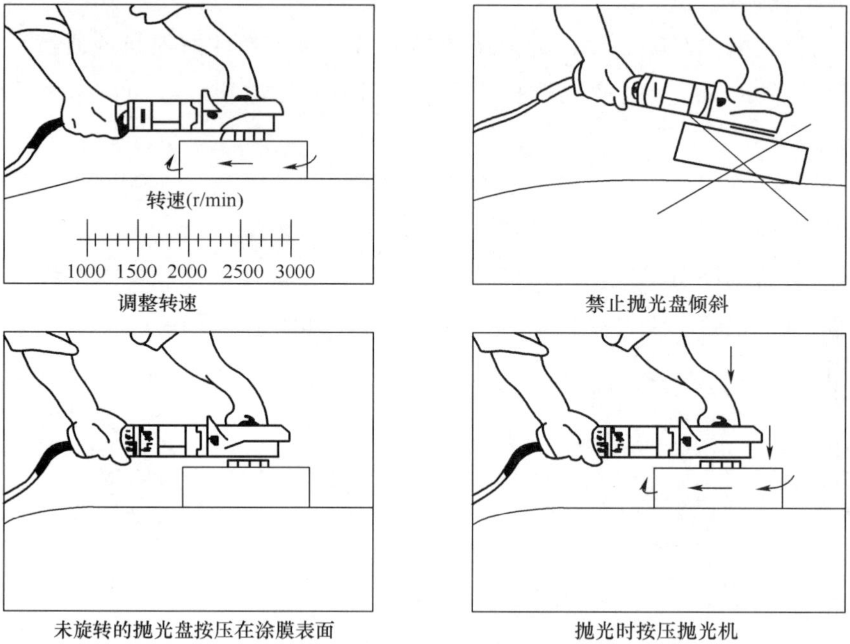

图 6—48　抛光机的正确操作方法

抛光。通过二次抛光，可以修复一些细小的划痕和光圈。

在第二次抛光前，首先用干净软布擦净前道抛光残留物，摇匀抛光剂，用软布或海绵将抛光剂均匀涂于涂膜表面，然后采用手工抛光（处理边角部位）和机械抛光方法进行二次抛光。

二次抛光采用机械抛光时，应选用海绵抛光盘，抛光机转速调整在 1 000~1 800 r/min。将海绵抛光盘按压在涂膜表面上，启动抛光机开始抛光。抛光方向如图 6—49 所示。

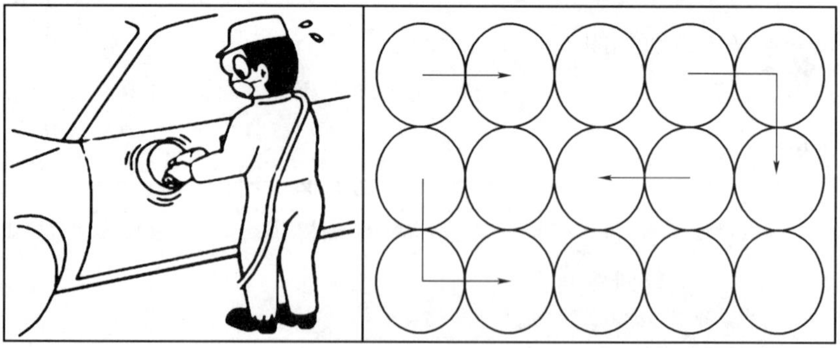

图 6—49　抛光方向

二次抛光采用手工抛光时，应按水平直线运动进行抛光，直到涂膜表面平滑光亮。

无论采用机械抛光还是手工抛光方法，最后都要用干净软布擦净涂膜表面的抛光剂，如图 6—50 所示。经釉质抛光剂二次抛光后，涂膜表面应达到高亮、丰满的效果。

2）局部抛光。在抛光作业中，也有一些特殊情况需要进行局部抛光。局部抛光主要根据目的不同进行抛光，对抛光剂和抛光工艺也有特殊的要求。下面以局部修补前抛光和局部修补后抛光为例进行讲述。

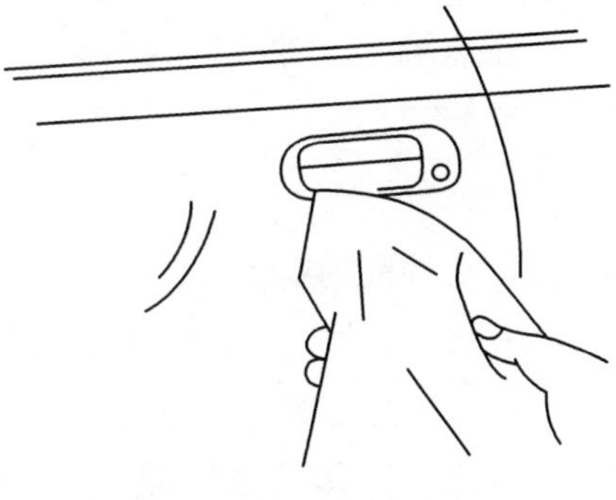
图 6—50　擦净抛光剂

①局部修补前抛光。局部修补前抛光的主要目的是去除旧涂膜表面的氧化层、泛色层、蜡等不宜用擦拭方法去除的污垢，为局部修补建立一个较好的基础。此类抛光必须选用不含蜡、硅氧烷的粗抛光剂。

局部修补前抛光可以采用机械或手工抛光方法。机械抛光时，抛光机应先按压在涂膜表面上，然后按一定方向有序进行抛光；手工抛光时，抹少许抛光剂于软布上，用力在修补区域外围旧涂膜上来回直线运动进行抛光。抛光区域的面积不宜过小，应给修补留出足够的空间。

②局部修补后抛光。局部修补后抛光的主要目的是去除局部修补时产生的飞溅和涂膜表面交界处的痕迹。此类抛光应选用海绵抛光盘。

局部修补后抛光在作业前需要进行轻微的研磨，然后用机械或手工方法进行抛光。机械抛光时，应先在抛光区域涂抹抛光剂；然后将抛光机按压在抛光区域的涂膜表面上，按抛光顺序从修补区域移至旧涂膜处，防止产生边界。接口抛光如图 6—51 所示。

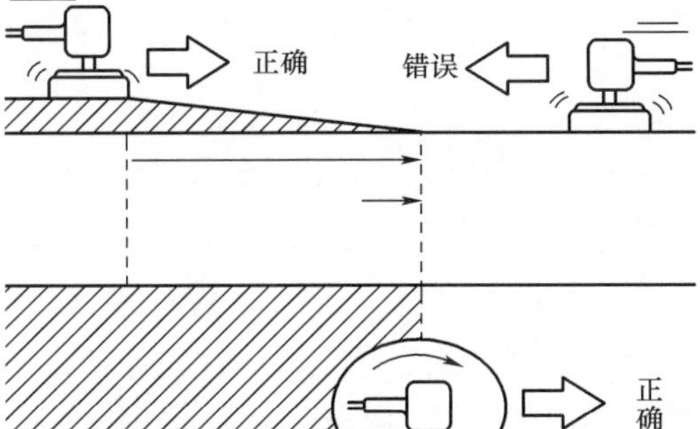

图 6—51　接口抛光

抛光力度不宜过大，抛光程度不宜过深，涂膜表面达到柔和、有光泽即可。

2. 打蜡施工工艺

打蜡施工流程如图 6—52 所示。

图 6—52　打蜡施工流程

（1）打蜡前的准备

1）打蜡前对涂膜表面进行检查。观察涂膜表面的清洁状况，如果有抛光留下的残余抛光剂应进行清除。操作人员应佩戴乳胶一次性手套（见图 6—53）触摸涂膜表面，感觉其是否柔顺光滑；检查确认抛光后涂层表面的光泽度、鲜映性是否符合质量要求（企标或国标）。不符合要求的需要返工。待涂膜表面抛光质量确定符合要求后，才可进行打蜡施工。

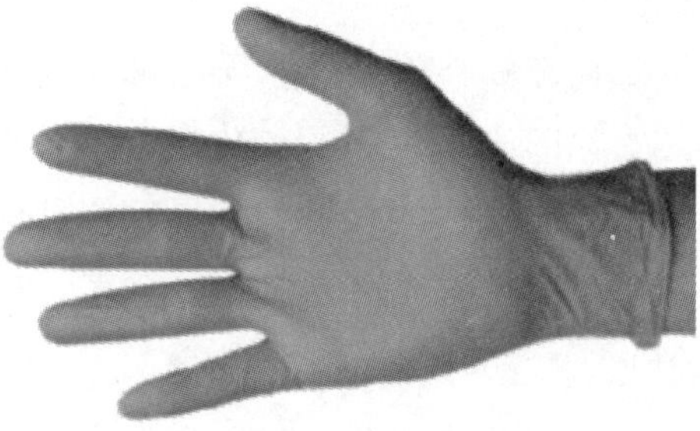

图 6—53　乳胶一次性手套

2）车蜡的选择。目前市场上的车蜡品种繁多，其性质不同、作用也不同。在使用时，必须根据需求正确地选择车蜡。

根据车辆的新旧程度、车辆的色彩、行驶环境等因素，进行综合性考虑选择需要的车蜡。例如，沿海地区宜选用防盐雾的车蜡，雨水较多地区宜选用防水好的车蜡，紫外线较强地区宜选用防紫外线、抗高温的车蜡等。

（2）打蜡作业。打蜡作业分为手工打蜡和机械打蜡。手工打蜡简单方便，能对一些打蜡机难以把握的区域进行打蜡。机械打蜡效率较高，适合大平面的作业。无论是手工打蜡还是机械打蜡，都必须按照一定的施工工艺进行，才能保证打蜡后的效果符合要求。

1）手工打蜡。采用手工打蜡方式对涂膜进行打蜡时，先将车蜡涂抹在打蜡海绵上，然后按“圈打磨”的方式进行涂布。涂布车蜡时力度要适当，每次涂布的面积不宜过大，一般控制在 0.5 m^2 内。如果需要整车上蜡，应按照从上到下的顺序进行，即从车顶开始到引擎盖、翼子板、车门、箱体盖的顺序，全车做到打蜡均匀、无遗漏。

手工打蜡上蜡以后，等待车蜡干燥。同样，车蜡干燥时间可以依据车蜡的产品说明书；也可以用手触摸工件或车辆边缘，感受车蜡是否干燥。

手工打蜡时应选用无纺布，用力按压涂面并以一定顺序进行直线运动擦涂，直至蜡粉褪净，涂膜表面平滑、靓丽、有光泽。

2）机械打蜡。采用机械打蜡方式对涂膜进行打蜡时，先将车蜡涂抹在需要打蜡的涂膜表面，然后将打蜡机按压在需要打蜡的涂膜表面并启动打蜡机。注意打蜡机按压的力度、方向，确保车蜡均匀涂布在涂膜表面。

机械打蜡上蜡的厚度应视涂膜状况而定。一般旧涂膜可以适当加厚蜡膜但也不能过厚，因为蜡膜过厚会导致之后的抛光难度增加。如果发现蜡膜不均匀、产生无序的反光等现象，可以用抛光机进行抛光修整。

机械打蜡上蜡以后，等待车蜡干燥。车蜡干燥时间参考手工打蜡的相关内容。如果车蜡未干燥，切忌过早抛光。

车蜡干燥后，将抛光机转速调至 1 000 r/min；将抛光机抛光盘轻轻地平放在涂膜表面上；启动抛光机进行横向与竖向的覆盖式抛光，直至涂膜表面靓丽为止。切勿启动抛光机后再把抛光盘与涂膜接触，以避免涂膜表面被抛光盘划伤。

技能要求

腻子的平面刮涂施工

在车门板表面做刮涂腻子施工，腻子刮涂部位如图 6—54 所示。

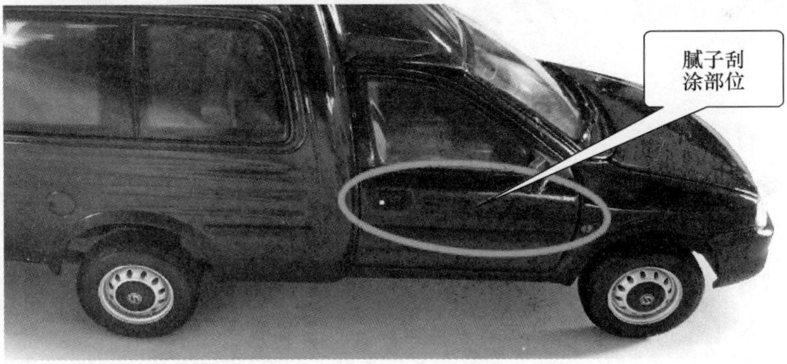

图 6—54　腻子刮涂部位

一、场地与器材准备

1. 打磨实训场地（30~40 m^2）：日光充足、采光良好、有强通排风系统。
2. 喷漆房 1 间。
3. 缺陷门板 1 块。

4. 烘烤和打磨设备：烤灯 1 台，干磨机或者中央集尘悬挂机 1 台，3 号、5 号干磨磨头各 1 个，腻子及固化剂 1 套，刮板、铲刀各 1 把，各型号砂纸若干。

二、操作要求

通过刮、磨腻子使车门缺陷处恢复原形。

三、操作准备

1. 检查设备是否完好。

2. 准备腻子。

（1）汽车修补用聚酯腻子若干。

（2）环氧底漆（少量）。

四、操作步骤

1. 对车门板进行表面预处理。

2. 在车门板表面刮涂腻子，如图 6—55 所示。

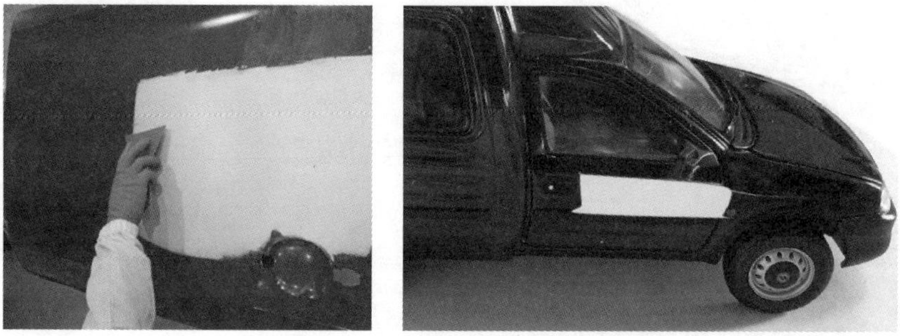

图 6—55　在车门板表面刮涂腻子

3. 在车门板打磨腻子。

4. 清洁整理。

五、注意事项

1. 按规定做好个人安全防护。

2. 注意设备场地安全，用剩的材料送仓库保管。

3. 做好 5S 管理。

腻子的圆弧面施工

圆弧面的施工位置如图 6—56 所示。

图 6—56　圆弧面的施工位置

一、场地与器材准备

1. 打磨实训场地（30~40 m^2）：日光充足、采光良好、有强通排风系统。

2. 喷漆房 1 间。

3. 缺陷翼子板 1 块。

4. 烘烤和打磨设备：烤灯 1 台，干磨机或者中央集尘悬挂机 1 台，3 号、5 号干磨磨头各 1 个，腻子及固化剂 1 套，刮板、铲刀各 1 把，各型号砂纸若干。

二、操作要求

通过刮、磨腻子使翼子板缺陷处恢复原形。

三、操作准备

1. 检查设备是否完好。

2. 准备腻子、底漆。

（1）汽车修补用聚酯腻子若干。

（2）环氧底漆（少量）。

四、操作步骤

1. 对翼子板表面做底处理。

2. 在翼子板圆弧处刮涂腻子，如图 6—57 所示。

3. 打磨腻子。

4. 清洁整理。

五、注意事项

1. 按规定做好个人安全防护。

2. 注意设备场地安全，用剩的材料送仓库保管。

3. 做好 5S 管理。

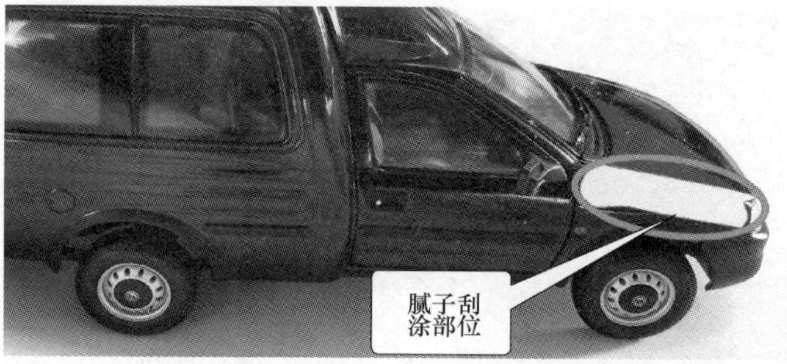

图 6—57　在翼子板圆弧处刮涂腻子

小货车整车修补涂装

小货车车身共有缺陷 5 处，如图 6—58 所示。

图 6—58　小货车车身的缺陷

一、场地与器材准备

1. 打磨实训场地（30~40 m^2）：日光充足、采光良好、有强通排风系统。

2. 烤漆房 1 间。

3. 小货车整车 1 辆。

4. 烘烤和打磨设备：烤灯 1 台，干磨机或者中央集尘悬挂机 1 台，3 号、5 号干磨磨头各 1 个，腻子及固化剂 1 套，刮板、铲刀各 1 把，各型号砂纸若干。

5. 汽车专用遮盖纸胶带、罩纸若干。

6. 汽车专用轮罩 4 个。

二、操作要求

整车外表面翻新喷涂为蓝色，具体要求如下。

1. 涂层厚度为 70~100 μm，光泽度>90%（光泽仪，60°时）。

2. 表面无流挂。

3. 表面颗粒在允许范围内（100 mm×100 mm）<2 个（点）。

三、操作准备

1. 清洗车辆

先用中性洗涤剂清洗车顶、车身、车轮挡泥板，再用清水清洗并擦拭干净，干燥后待施工。

2. 遮盖

非涂饰面应全部遮盖，车辆遮盖效果如图 6—59 所示。

图 6—59　车辆遮盖效果

3. 准备涂料

（1）汽车修补用聚酯腻子若干。

（2）环氧底漆（少量）。

（3）双组分中涂底漆（用量根据汽车整车修补面积的大小确定）。

（4）丙烯酸聚氨酯双组分面漆（用量根据汽车整车修补面积的大小确定）。

四、操作步骤

1. 表面预处理

去除油污，旧涂层、锈蚀应用手工或机械方法清除。可视现场情况对旧涂层进行局部或整体清除，对于附着力强、表面完好的旧涂层可免清除。

2. 表面打磨

旧涂层清除完毕后，应用手工或机械打磨的方法将车身表面仔细打磨 1 遍，局部清除部位的边缘接口处要处理成斜坡状。

3. 清洁

用压缩空气将表面灰尘吹尽，用干净的棉布擦净表面。

4. 喷涂底漆

在涂膜破损处喷涂底漆。底漆彻底干燥后，应进行表面粗化处理，以增加与涂层间的附着力。

5. 刮涂腻子

受损部位应全部刮涂腻子，如图 6—60 所示，厚度宜高于涂层表面，边口无多余腻子。

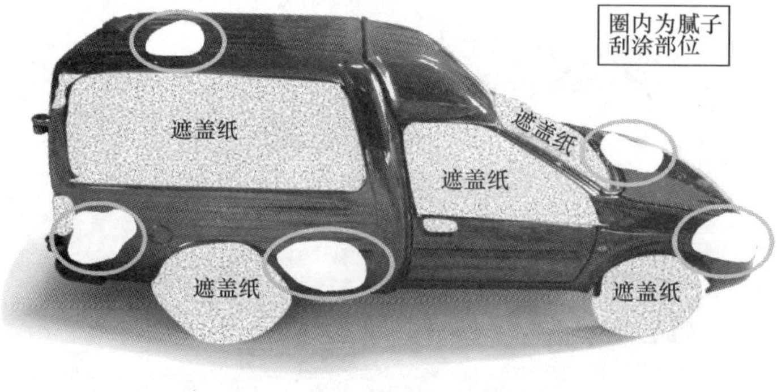

图 6—60　受损部位刮涂腻子

6. 打磨腻子

打磨腻子至表面平整、光滑为止。

7. 喷涂中涂底漆

应采用多次喷涂的方法，使涂膜达到一定的厚度。根据缺陷大小，中涂底漆的喷涂范围可采用局部喷涂或整车喷涂。如果做局部喷涂，中涂底漆面积应大于腻子部位，如图 6—61 所示。膜厚 40~50 μm，表面无流挂、露底及严重的橘皮现象。

8. 打磨中涂底漆

打磨中涂底漆时注意不能磨穿中涂底漆。表面应平整光滑，无遗漏，无明显的砂纸打磨痕迹。

9. 查找缺陷

仔细检查涂层表面是否有缺陷存在，应无细小砂眼、无划痕、无碰伤、无打磨痕迹等。如果有缺陷，可用快干腻子（填眼灰）刮涂，使表面平整光滑。

10. 喷前准备

涂料配制正确，遮盖边口粘贴严实。

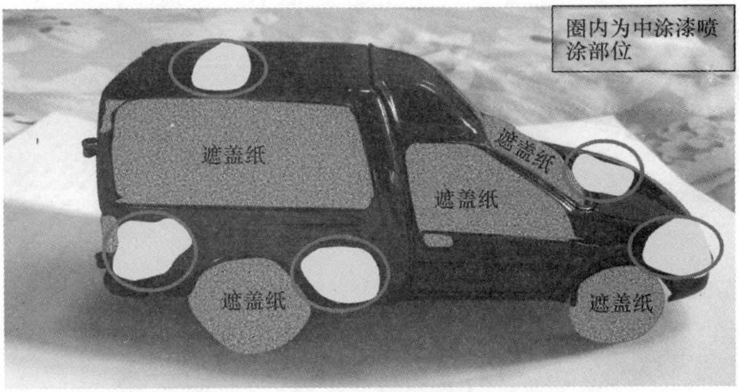

图 6—61　局部喷涂中涂底漆

11. 喷涂面漆

表面质量要求：涂层丰满、光亮，无颗粒、无流挂、无明显橘皮。

12. 整理

清除所有遮盖纸、胶带，揭去专用遮盖罩，清除各门框侧边及整车杂漆。车辆修复完成效果如图 6—62 所示。

图 6—62　修复完成效果

五、注意事项

1. 按规定做好个人安全防护。

2. 注意设备场地安全

（1）烤漆房使用完毕后及时关闭，保证设备的安全。

（2）用剩材料送仓库保管。

3. 做好 5S 管理。

练习与检测

一、判断题

1. 易变形的塑料刮板使用后要用专用夹具夹好。 （ ）

2. 水磨砂纸用于湿磨时不能浸水，以防止手工打磨时水磨砂纸因折叠而引起脆裂。 （ ）

3. 在平行喷涂时，喷枪与被涂面的距离可以自行变动。 （ ）

4. 底漆一般具备填补车身表面缺陷的能力。 （ ）

5. 中涂底漆要有一定的附着力、耐溶剂性及填充性，以保证为面漆提供一个完美的施工表面，并突出面漆的装饰性。 （ ）

6. 腻子必须干磨，既可采用手工打磨，也可采用机械打磨，具体可视情况而定。 （ ）

二、单项选择题

1. 电动、气动研磨机的特点是快速、方便、（ ）。

A. 省时　　B. 省力　　C. 省料　　D. 省时省力

2. 根据涂面状况及施工要求，腻子一般刮（ ）层。

A. 1~5　　B. 6~7　　C. 8~9　　D. 10~11

3. 中涂底漆在涂层中是在（ ）之下的涂层，主要起增强涂层之间附着力的作用。

A. 涂料　　B. 面漆　　C. 底漆　　D. 清漆

4. 抛光的作用是（ ）。

A. 减少涂膜的表面粗糙度　　B. 增加涂膜的表面粗糙度

C. 减少涂膜的平滑度　　D. 减少涂膜的光泽度

5. 釉质抛光剂能使涂面滋润、光滑、光亮，密封时间可长达（ ）左右。

A. 1 个月　　B. 6 个月　　C. 1 年　　D. 3 年

6. （ ）不属于打磨腻子所需要的工具。

A. 橡皮垫块　　B. 电动打磨机　　C. 喷枪　　D. 空气压缩机

三、简答题

1. 简述工件表面预处理流程。

2. 简述汽车修补底漆应具有的特性。

3. 简述打磨聚酯腻子的施工工艺。

4. 简述汽车双组分面漆的种类。
5. 简述双组分素色漆的喷涂施工流程。
6. 简述抛光的施工流程。
7. 简述打蜡的施工流程。

练习与检测答案

一、判断题

1. √　2. ×　3. ×　4. √　5. √　6. ×

二、单项选择题

1. D　2. A　3. B　4. A　5. C　6. C

三、简答题

略

理论知识考试模拟试卷及答案

汽车维修工（车身涂装修复）（五级）理论知识试卷

注 意 事 项

1. 考试时间：90 min。
2. 请首先按要求在试卷的标封处填写您的姓名、准考证号和所在单位的名称。
3. 请仔细阅读各种题目的回答要求，在规定的位置填写您的答案。
4. 不要在试卷上乱写乱画，不要在标封区填写无关的内容。

	一	二	总 分
得 分			

得分	
评分人	

一、判断题（第 1 题～第 60 题。将判断结果填入括号中。正确的填“√”，错误的填“×”。每题 0.5 分，满分 30 分。）

1. 行业性是职业道德区别于一般道德的基本准则。 （ ）
2. 职业道德可以调节从业人员内部的关系。 （ ）
3. 职业道德覆盖面最广，影响力最大，对人的道德素质起决定性作用。 （ ）
4. 顾全大局首先要树立维护企业利益的观念。 （ ）
5. “慎独”就是指在无人监督的情况下独立工作。 （ ）
6. 德国的斐迪南・保时捷在 1918 年设计了甲壳虫汽车。 （ ）
7. 底盘用于接收发动机输出的动力，推动汽车行驶。 （ ）
8. 将润滑油送到运动零件表面而实现润滑的系统称为发动机的传送系。 （ ）
9. 传动系的功用是将发动机所发出的动力传递给驱动车轮。 （ ）
10. 交流电主要是以直流电充电来考虑的。 （ ）
11. 直流电主要是以交流电充电来考虑的。 （ ）

12. 发动机上使用的润滑剂只有润滑油。 ( )
13. 物质发生化学变化后，新物质分子的性质和原来物质分子的性质不同。 ( )
14. 离子既能带正电，也能带负电。 ( )
15. 化合物属于混合物。 ( )
16. 共价化合物中共用电子的作用力称为共价键。 ( )
17. 涂料中使用的稀释剂就是多种有机溶剂的混合物。 ( )
18. 碱可以和某些盐发生反应生成一种酸和另一种盐。 ( )
19. 环氧树脂是天然树脂。 ( )
20. 辅助材料代号中 X 表示稀释剂。 ( )
21. 目前满足汽车涂装要求最佳的产品是醇酸涂料。 ( )
22. 环氧树脂涂料常用于面漆中。 ( )
23. 在灭火器型号的字母含义中，没有第三个字母表示手提式。 ( )
24. 牛角刮具现在仍在使用中，还没有其他材料的刮具能够替代它。 ( )
25. 小的橡胶刮板厚度一般为 3~4 mm。 ( )
26. 疏砂纸是用于打磨较硬的材料的。 ( )
27. 粘扣式漆面干研磨砂纸易装卸、不易脱落、研磨速度快、耐磨性好。 ( )
28. 海绵抛光盘不适用于漆面处理。 ( )
29. 如果漆刷的刷毛变硬或变形，将会影响下次刷涂的质量。 ( )
30. 滚筒蘸浸涂料后，即可开始涂装。 ( )
31. 施工要求厚涂时，喷枪移动速度应加快。 ( )
32. 圆筒式空气滤清器要定期更换焦炭或清洗金属网和 PVC 海绵。 ( )
33. 螺栓盘适用于带有螺栓接头的抛光机。 ( )
34. 采用喷砂磷化的处理方式，能更好地保证涂层质量。 ( )
35. 铁锈、氧化皮会使涂膜起泡，但不会影响车辆外表的美观。 ( )
36. 铝材的表面预处理适合采用强酸、强碱。 ( )
37. 手工处理是指靠手工磨、铲等清除锈迹的一种高效率、低劳动强度的方法。 ( )
38. 底漆一般具备填补车身表面缺陷的能力。 ( )
39. 汽车修理厂极少使用高温烘烤底漆。 ( )
40. 汽车在行驶中的振动和应变，对腻子层不会有任何影响。 ( )
41. 醇酸腻子的腻子层坚硬、附着力好，但不易涂刮。 ( )
42. 环氧酯腻子的腻子层与底漆有良好的附着力。 ( )

43. 中涂底漆干燥后涂层硬度适中，局部喷漆边缘平滑性好，但有接口痕迹。（　　）

44. 双组分丙烯酸聚氨酯底漆一般以喷涂为主，也可刷涂或滚涂。（　　）

45. 光源可分为自然光源和人造光源两类。（　　）

46. 单组分素色漆是指硝基纤维漆、丙烯酸酯漆、过氯乙烯漆等。（　　）

47. 新喷涂面的粗粒、橘皮可通过抛光处理得到纠正。（　　）

48. 还原抛光剂可用于轿车的抛光处理和局部喷涂后的抛光处理。（　　）

49. 彩色蜡不能增加涂膜的光泽度、光滑度、丰满度。（　　）

50. 水晶蜡能有效保护涂膜的光泽度，并能防划痕、防泛黄、防氧化等。（　　）

51. 小货车打磨中涂底漆的步骤是干燥、刮涂腻子、湿打磨。（　　）

52. 小货车进行喷涂底漆时，喷枪口径选用重力式 2.0 mm、虹吸式 1.0 mm。（　　）

53. 在小货车涂面上进行喷漆时，第一道喷涂层应比第二道喷涂层厚，以不露底为准。（　　）

54. 1211 灭火器应存放在通风、干燥、取用方便的地方，储存环境为-10~45℃。（　　）

55. 色彩是面漆的重要性能。（　　）

56. 我国全面推广使用无铅汽油是在 2002 年 7 月 1 日。（　　）

57. 正时齿轮、气门弹簧、摇臂都属于配气机构的组成部分。（　　）

58. 添加剂是涂料不可缺少的组成部分。（　　）

59. 施工场地必须放置足够数量的灭火器、黄沙和其他防火器材。（　　）

60. 手工抛光时，应沿垂直直线路线进行抛光，直到涂面擦亮。（　　）

得分	
评分人	

二、单项选择题（第 1 题 ~ 第 70 题。选择一个正确的答案，将相应的字母填入题内的括号中。每题 1 分，满分 70 分。）

1. 职业道德行业性鲜明地体现着社会对某种具体职业活动的（　　）。

A. 需求　　B. 渴望　　C. 特殊要求　　D. 期待

2. 只要有职业活动，就体现一定的（　　）。

A. 品德　　B. 社会风气　　C. 职业道德　　D. 道德风貌

3. 职业道德也随着时代的变化而（　　）。

A. 改进　　B. 形成　　C. 变化　　D. 前进

4. 职业道德的基本职能是（　　）职能。

A. 团结　　B. 调节　　C. 道德　　D. 规范

5. （　　）有助于维护和提高本行业的信誉。

A. 品牌　　B. 形象　　C. 信用　　D. 职业道德

6. 职业道德涉及每个从业人员如何（　　）。

A. 积极参与　　B. 对待职业　　C. 面临客户　　D. 发展

7. 遵守（　　），是每一个公民都必须做到的。

A. 国家法律法规　　B. 社会主义道德

C. 职业道德　　D. 七不规范

8. 只有热爱本职工作的人，才可能对自己的职业有一种荣誉感和（　　）。

A. 自豪感　　B. 责任感　　C. 负重感　　D. 光荣感

9. 办事公道、廉洁自律就是提倡从业人员要（　　）。

A. 明确职责　　B. 秉公办事　　C. 自我约束　　D. 为人着想

10. “内省”就是内心反省检讨，去除（　　）。

A. 歪念　　B. 懒散　　C. 私心杂念　　D. 缺点

11. 1980 年，我国汽车年产量已超过（　　）万辆。

A. 2. 2　　B. 22　　C. 220　　D. 2 200

12. 商用车在设计和技术特性上是指用于运送（　　）和货品的汽车。

A. 人员　　B. 行李　　C. 器械　　D. 临时物品

13. 汽车的动力装置指的是（　　）。

A. 减振机　　B. 发动机　　C. 升降器　　D. 集中控制封闭装置

14. 车身的式样取决于汽车的（　　）。

A. 大小　　B. 用途　　C. 底盘　　D. 动力

15. （　　）不属于电气设备的组成部分。

A. 照明　　B. 电源组　　C. 底盘　　D. 发动机启动系

16. 按气缸排列不同有直列式发动机、（　　）形发动机。

A. V　　B. W　　C. H　　D. Z

17. 对汽油而言，（　　）是其主要性能指标。

A. 抗爆性　　B. 燃烧性　　C. 自燃性　　D. 挥发性

18. 将润滑油送到运动零件表面而实现润滑的系统称为发动机的（　　）。

A. 冷却系　　B. 润滑系　　C. 行驶系　　D. 制动系

19. 水冷系是以（　　）作为冷却介质的。

A. 油　　B. 风　　C. 水　　D. 电

20. 启动系由（　　）、点火开关、启动继电器、启动机等组成。

A. 发电机　　B. 分电器　　C. 蓄电池　　D. 火花塞

21. 传动系的功用是将（　　）发出的动力传递给驱动车轮。

A. 发动机　　B. 变速器　　C. 差速器　　D. 被动轮

22. 汽车空调属于（　　）。

A. 充电装置　　B. 辅助设备　　C. 启动装置　　D. 仪表

23. 润滑油习惯上被称为（　　）。

A. 黄油　　B. 汽油　　C. 机油　　D. 柴油

24. 高锰酸钾能使其他物质变色，因为它具有（　　）。

A. 还原性　　B. 氧化性　　C. 物理性质　　D. 自然现象

25. 分子是保持物质（　　）的一种微粒。

A. 物质特点　　B. 化学性质　　C. 物理性质　　D. 状态不变

26. 用化学方法不能再分的微粒称为（　　）。

A. 离子　　B. 原子　　C. 中子　　D. 分子

27. 在化学中，将具有相同（　　）的同一类原子总称为元素。

A. 电子数　　B. 质子数　　C. 分子数　　D. 离子数

28. 碳的元素符号是（　　）。

A. H　　B. N　　C. O　　D. C

29. 一种分子有（　　）个化学式。

A. 1　　B. 2　　C. 3　　D. 4

30. 电子排布时，最多能容纳 2 个电子的是（　　）层。

A. K　　B. L　　C. M　　D. N

31. 化学方程式等号两边（　　）的原子数目一定要相等。

A. 同种元素　　B. 不同种元素　　C. 分子　　D. 电子层

32. 溶液中被溶解的物质称为（　　）。

A. 溶质　　B. 浓度　　C. 纯净物　　D. 单质

33. 常用的浓硝酸质量分数为（　　）。

A. 67%　　B. 69%　　C. 72%　　D. 96%

34. 盐酸是（　　）的水溶液。

A. 氯化钠　　B. 氯化氢　　C. 氢氧化钠　　D. 碳酸钠

35. 溶液的 pH 越接近 14，（　　）。

A. 酸性越强　　B. 酸性越弱　　C. 碱性越强　　D. 碱性越弱

36. 涂料中被称为“成膜物”或“基料”的物质是（　　）。

A. 树脂　　B. 颜料　　C. 溶剂　　D. 添加剂

37. （　　）是有机颜料。

A. 钛白粉　　B. 炭黑　　C. 酞青蓝　　D. 氧化铁黄

38. 添加剂俗称（　　），是涂料中不可缺少的部分。

A. 分散剂　　B. 流平剂　　C. 稳定剂　　D. 助剂

39. 凡双（多）包装的涂料，在名称之后应增加（　　）字样。

A. 灌装　　B. 瓶装　　C. 分装　　D. 组装

40. 光固化涂料产品的特点是（　　）组分。

A. 单　　B. 双　　C. 三　　D. 四

41. 双组分丙烯酸聚氨酯涂料是通过（　　）个组分的化学反应成膜的，属于交联反应型涂料。

A. 1　　B. 2　　C. 3　　D. 4

42. 醇酸涂料很难用于（　　）技术中。

A. 金属闪光漆　　B. 硝基漆

C. 环氧树脂漆　　D. 双组分丙烯酸聚氨酯漆

43. 硝基涂料的特点是（　　）。

A. 外观理想　　B. 干燥慢　　C. 耐久性好　　D. 干燥快

44. 溶剂蒸气遇明火能燃烧 5 s 以上时的最低温度是（　　）。

A. 闪点　　B. 着火点　　C. 自燃点　　D. 蒸汽密度

45. 用冷却法把燃烧物的温度降低到（　　）以下，即可灭火。

A. 闪点　　B. 着火点　　C. 自燃点　　D. 爆炸点

46. 在灭火器型号的字母中，第二个字母 P 表示（　　）。

A. 灭火器　　B. 干粉　　C. 泡沫　　D. 二氧化碳

47. MP 型手提式化学泡沫灭火器，按所充装灭火剂的容量有（　　）两种规格。

A. 5 L 和 10 L　　B. 4 L 和 8 L　　C. 6 L 和 9 L　　D. 3 L 和 9 L

48. 温度对塑料材质刮涂工具的（　　）影响较大。

A. 长度　　B. 柔软性　　C. 耐磨性　　D. 密度

49. 大的刮板的刮口宽度一般以（　　）mm 为宜。

A. 30~50　　B. 50~100　　C. 120~150　　D. 150~180

50. 刮涂工具使用完毕后，要立即用（　　）清洗干净，以免腻子聚集于刮板上。

A. 涂料　　B. 溶剂　　C. 水　　D. 酸

51. 疏砂纸的磨料只占磨料面面积的（　　）。

A. 10%~20%　　B. 20%~30%　　C. 30%~50%　　D. 50%~70%

52. 锆铝磨料是已开发的第（　　）种磨料。

A. 一　　B. 二　　C. 三　　D. 四

53. 需要与电动机或气动研磨机配套使用的是（　　）。

A. 水砂磨纸　　B. 圆形粘扣式砂纸

C. 锆铝　　D. 金刚砂

54. 中等弹性橡胶打磨垫又被称为（　　）。

A. 硬橡胶垫　　B. 软橡胶垫　　C. 海绵垫　　D. 打磨垫

55. 漆刷按（　　）可分为圆形、扁形和歪脖子形。

A. 长度　　B. 扁平度　　C. 硬度　　D. 形状

56. 用于电动、气动研磨机的打磨垫称为（　　）。

A. 底盘　　B. 托盘　　C. 底垫　　D. 底漆

57. 新漆刷使用前要在 1.5 号砂布上来回砂磨，以（　　）。

A. 清除杂毛　　B. 清除灰尘　　C. 磨尖刷毛　　D. 磨平刷毛

58. 滚筒的滚刷毛材质如果是合成纤维，则适用于滚涂（　　）。

A. 油性涂料　　B. 水性涂料　　C. 合成树脂　　D. 天然树脂

59. 喷涂前对喷雾的测试是非常重要的，首先应该考虑的一个技术参数是（　　）。

A. 喷涂气压　　B. 喷涂距离　　C. 喷涂角度　　D. 喷幅重叠

60. 喷涂距离应根据所使用涂料的（　　）来决定，干燥较快的涂料的喷涂距离在 20 cm左右。

A. 色彩　　B. 浓度　　C. 品种　　D. 干燥速度

61. 对于干燥速度较快的涂料而言，其喷枪移动速度以（　　）mm/s 为宜。

A. 100~200　　B. 400~500　　C. 100~500　　D. 200~400

62. 一级压缩式和二级压缩式是按空气压缩机的（　　）来分的。

A. 气缸数　　B. 气压率　　C. 储气率　　D. 工作方式

63. 每天应放出储气筒内的油水沉淀物（　　）次。

A. 1~2　　B. 3~4　　C. 5~6　　D. 7~8

64. 油水分离器的类型一般有（　　）种。

A. 1　　B. 2　　C. 3　　D. 4

65. 抛光机的抛光盘材料有纯羊毛、（　　）、海绵。

A. 棉布　　B. 人造纤维　　C. 毛麻　　D. 驼毛

66. 抛光机的（　　）色海绵抛光盘一般做精细抛光用。

A. 白　　B. 黄　　C. 蓝　　D. 黑

67. 涂装前表面预处理是（　　）的第一步。

A. 喷漆　　B. 刷漆　　C. 涂装工艺　　D. 涂装质量

68. 被称为黑色金属的是（　　）。

A. 铝　　B. 氧化铝　　C. 镀锌金属　　D. 钢铁

69. 底漆是任何组合涂层中的第（　　）层。

A. 一　　B. 二　　C. 三　　D. 四

70. 小货车涂面在进行喷漆前，涂料必须（　　）。

A. 进行过滤　　B. 静置 5 min　　C. 检验纯度　　D. 添加防腐剂

汽车维修工（车身涂装修复）（五级）理论知识试卷答案

一、判断题（第 1 题～第 60 题。将判断结果填入括号中。正确的填“√”，错误的填“×”。每题 0.5 分，满分 30 分。）

1. ×	2. √	3. √	4. ×	5. √	6. ×	7. √	8. ×	9. √	10. ×
11. ×	12. ×	13. √	14. √	15. ×	16. √	17. √	18. ×	19. ×	20. √
21. ×	22. ×	23. √	24. ×	25. √	26. ×	27. √	28. ×	29. √	30. ×
31. ×	32. √	33. √	34. √	35. ×	36. ×	37. ×	38. ×	39. √	40. ×
41. ×	42. √	43. ×	44. √	45. √	46. √	47. √	48. √	49. ×	50. √
51. ×	52. ×	53. ×	54. √	55. √	56. ×	57. √	58. √	59. √	60. ×

二、单项选择题（第 1 题～第 70 题。选择一个正确的答案，将相应的字母填入题内的括号中。每题 1 分，满分 70 分。）

1. C	2. C	3. C	4. B	5. D	6. B	7. A	8. A	9. B	10. C
11. B	12. A	13. B	14. B	15. C	16. A	17. A	18. B	19. C	20. C
21. A	22. B	23. C	24. B	25. B	26. B	27. B	28. D	29. A	30. A
31. A	32. A	33. B	34. B	35. C	36. A	37. C	38. D	39. C	40. A
41. B	42. A	43. D	44. B	45. B	46. C	47. C	48. B	49. C	50. B
51. D	52. C	53. B	54. C	55. D	56. B	57. A	58. B	59. A	60. D
61. D	62. D	63. A	64. B	65. B	66. D	67. C	68. D	69. A	70. A

操作技能考核模拟试卷

注 意 事 项

1. 考生根据操作技能考核通知单中所列的试题做好考核准备。

2. 请考生仔细阅读试题单中具体考核内容和要求，并按要求完成操作，进行笔答或口答，若有笔答请考生在答题卷上完成。

3. 操作技能考核时要遵守考场纪律，服从考场管理人员指挥，以保证考核安全顺利进行。

注：操作技能鉴定试题评分表及答案是考评员对考生考核过程及考核结果的评分记录表，也是评分依据。

国家职业资格鉴定

汽车维修工（车身涂装修复）（五级）操作技能考核通知单

姓名：

准考证号：

考核日期：

试题 1

试题代码：1. 1. 1。

试题名称：调配素色漆。

考核时间：45 min。

配分：20 分。

试题 2

试题代码：2. 1. 1。

试题名称：缺陷形状修复（车门板 A 区）。

考核时间：60 min。

配分：30 分。

试题 3

试题代码：3. 1. 1。

试题名称：面漆喷涂（车门板）。

考核时间：45 min。

配分：30 分。

试题 4

试题代码：4. 1. 1。

试题名称：图案制作。

考核时间：60 min。

配分：20 分。

汽车维修工（车身涂装修复）（五级）操作技能鉴定
试　题　单

试题代码：1. 1. 1。

试题名称：调配素色漆。

考核时间：45 min。

1. 操作条件

（1）调色间（30～40 m^2）能放 8～10 个考位且采光良好。

（2）电子秤、调色台、调色杯、调色尺、色彩样板。

（3）红、黄、蓝、白、黑 5 种色彩（见彩图 7）的自干漆、配套稀释剂。

2. 操作内容

（1）根据色样在 5 种色彩的自干漆（红、黄、蓝、白、黑）中选择 2 种色彩，调配成 12 块样板色（见彩图 8）中的某 1 种（计算机随机抽一）。

（2）调配时对比色彩采用试喷样板的方法，但喷涂试板最多只能使用 2 块，自选 1 块作为最终鉴定用考件。

3. 操作要求

（1）个人防护符合要求。

（2）调配时色漆色彩选择准确，微调过程方法正确。

（3）考试时间段内只能调配 1 次。

（4）调配的色彩漆内不能存在所选择的 2 种色彩以外的色漆。

（5）调配后的色漆控制在（200±5）g 以内。

汽车维修工（车身涂装修复）（五级）操作技能鉴定

试题评分表

考生姓名：　　　　　　　　准考证号：

<table>
<tr><td colspan="2">试题代码及名称</td><td colspan="3">1.1.1 调配素色漆</td><td colspan="5">考核时间</td><td>45 min</td></tr>
<tr><td colspan="2" rowspan="2">评价要素</td><td rowspan="2">配分（分）</td><td rowspan="2">等级</td><td rowspan="2">评分细则</td><td colspan="5">评定等级</td><td rowspan="2">得分（分）</td></tr>
<tr><td>A</td><td>B</td><td>C</td><td>D</td><td>E</td></tr>
<tr><td rowspan="5">1</td><td rowspan="5">个人防护
1. 防毒面具
2. 防护眼镜
3. 工作服
4. 手套
5. 工作鞋</td><td rowspan="5">2</td><td>A</td><td>能正确穿戴防毒面具、防护眼镜、工作服、手套、工作鞋</td><td rowspan="5"></td><td rowspan="5"></td><td rowspan="5"></td><td rowspan="5"></td><td rowspan="5"></td><td rowspan="5"></td></tr>
<tr><td>B</td><td>个人防护用品有 1 项漏用或错用</td></tr>
<tr><td>C</td><td>个人防护用品有 2 项漏用或错用</td></tr>
<tr><td>D</td><td>个人防护用品有 3 项漏用或错用</td></tr>
<tr><td>E</td><td>差或未答题</td></tr>
<tr><td rowspan="5">2</td><td rowspan="5">色漆选择
1. 色彩选用
2. 色彩数量</td><td rowspan="5">3</td><td>A</td><td>根据样板色彩准确选择 2 种色漆，无其他色彩加入</td><td rowspan="5"></td><td rowspan="5"></td><td rowspan="5"></td><td rowspan="5"></td><td rowspan="5"></td><td rowspan="5"></td></tr>
<tr><td>B</td><td>根据样板色彩准确选择色漆，但某种色彩明显过多或过少，无其他色彩加入</td></tr>
<tr><td>C</td><td>根据样板色彩选择色漆时有小错误，如多于 2 种，但量极少，且色差不明显</td></tr>
<tr><td>D</td><td>根据样板色彩选择色漆时有 1 种色彩选择错误，或加入其他色彩且色差明显</td></tr>
<tr><td>E</td><td>差或未答题</td></tr>
</table>

续表

试题代码及名称		1.1.1 调配素色漆			考核时间					45 min
评价要素		配分（分）	等级	评分细则	评定等级					得分（分）
					A	B	C	D	E	
3	操作步骤 1. 调色方法正确，喷涂对比色彩样板表面清晰 2. 喷涂对比色彩样板时涂层不露底，遮盖良好 3. 喷涂对比色彩样板表面光亮	5	A	完全正确						
			B	存在 1 项错误						
			C	存在 2 项错误						
			D	存在 3 项错误						
			E	未答题						
4	用量控制 1. 总量控制 2. 调漆次数控制（只能 1 次）	5	A	调漆用量在（200±5）g 范围内						
			B	调漆用量在（200±10）g 范围内						
			C	调漆用量在（200±15）g 范围内						
			D	调漆用量超过（200±15）g 或调了 2 次及以上						
			E	差或未答题						
5	色彩准确性 1. 色相 2. 明度 3. 彩度	5	A	调配后喷涂的样板与标准样板对照，色相、明度、彩度相同或相似						
			B	色相、明度、彩度有 1 项存在不明显差异						
			C	色相、明度、彩度有 2 项存在不明显差异						
			D	色相、明度、彩度存在明显差异						
			E	未答题						
合计配分		20	合计得分							

考评员（签名）：

等级	A（优）	B（良）	C（及格）	D（较差）	E（差或未答题）
比值	1.0	0.8	0.6	0.2	0

“评价要素”得分=配分×等级比值。

汽车维修工（车身涂装修复）（五级）操作技能鉴定
试　题　单

试题代码：2. 1. 1。

试题名称：缺陷形状修复（车门板 A 区）。

考核时间：60 min。

1. 操作条件

（1）操作场地（30~40 m^2）能放 6~8 个考位，配备水源、烤灯。

（2）考件：车门板。

（3）腻子、托板、干磨机、砂纸。

2. 操作内容

（1）对车门板 A 区（见卷图 1）做底处理。

（2）在车门板 A 区刮涂腻子（车门板表面折筋部位不刮涂腻子）。

（3）在车门板 A 区打磨腻子。

（4）清洁整理。

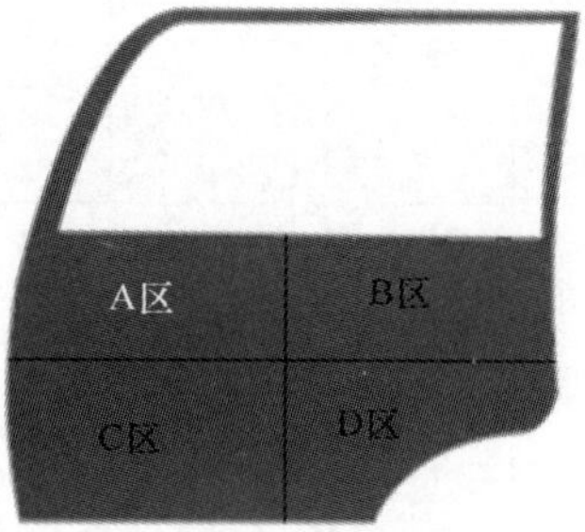

卷图 1　车门板分区

3. 操作要求

（1）个人防护符合要求。

（2）做羽状边符合要求。

（3）腻子调配符合要求。

（4）腻子刮涂操作规范、动作熟练。

（5）通过刮、磨腻子使车门缺陷处恢复原形。

（6）打磨后表面效果符合要求。

汽车维修工（车身涂装修复）（五级）操作技能鉴定

试题评分表

考生姓名：　　　　　　　　准考证号：

试题代码及名称		2. 1. 1 缺陷形状修复（车门板 A 区）		考核时间					60 min
评价要素		配分（分）	等级	评分细则	评定等级				得分（分）
					A	B	C	D	E	
1	个人防护 1. 防毒面具 2. 防护眼镜 3. 工作服 4. 手套 5. 工作鞋	2	A	能正确穿戴防毒面具、防护眼镜、工作服、手套、工作鞋						
			B	个人防护用品有 1 项漏用或错用						
			C	个人防护用品有 2 项漏用或错用						
			D	个人防护用品有 3 项漏用或错用						
			E	差或未答题						
2	底处理 1. 清除缺陷处底漆 2. 表面除油除污 3. 表面粗化 4. 羽状边制作	6	A	完全正确						
			B	1 项错误或未做						
			C	2 项错误或未做						
			D	3 项错误或未做						
			E	差或未答题						
3	调配腻子 1. 方法熟练 2. 顺序规范 3. 调配比例正确 4. 每次调配色彩基本一致	6	A	完全正确						
			B	缺 1 项要求						
			C	缺 2 项要求						
			D	缺 3 项要求						
			E	差或未答题						

续表

试题代码及名称		2.1.1 缺陷形状修复（车门板 A 区）			考核时间					60 min
评价要素		配分（分）	等级	评分细则	评定等级					得分（分）
					A	B	C	D	E	
4	刮涂腻子 1. 作业流程正确 2. 刮涂手势正确 3. 操作流畅 4. 刮涂效果良好	8	A	完全正确						
			B	缺 1 项要求						
			C	缺 2 项要求						
			D	缺 3 项要求						
			E	差或未答题						
5	打磨后效果 1. 无明显凹陷、凸起、厚边 2. 无明显刮刀痕迹 3. 无明显砂眼、划痕 4. 清洁方法正确	8	A	完全正确						
			B	1 项错误						
			C	2 项错误						
			D	3 项错误						
			E	差或未答题						
合计配分		30	合计得分							

考评员（签名）：

等级	A（优）	B（良）	C（及格）	D（较差）	E（差或未答题）
比值	1.0	0.8	0.6	0.2	0

“评价要素”得分=配分×等级比值。

汽车维修工（车身涂装修复）（五级）操作技能鉴定

试　题　单

试题代码：3. 1. 1。

试题名称：面漆喷涂（车门板）。

考核时间：45 min。

1. 操作条件

（1）喷涂房、喷枪、气源。

（2）除油剂、棉布、粘尘布、调漆尺。

（3）供喷涂的涂料、固化剂（配套）、稀释剂（配套）。

2. 操作内容

（1）对试题 2. 1. 1 缺陷修复（车门板 A 区）完工后的车门板表面喷涂免磨中涂底漆。

（2）待车门板表面的免磨中涂底漆干燥后，喷涂双组分面漆，如卷图 2 所示。

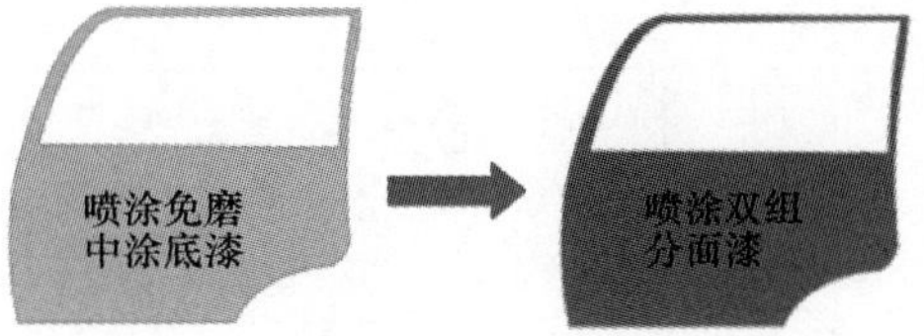

卷图 2　施工工序

（3）喷涂车门板的中涂底漆、面漆色彩由考核站选定。

3. 操作要求

（1）个人防护符合要求。

（2）喷枪调整方法正确。

（3）喷涂过程符合要求。

（4）喷涂效果符合要求。

汽车维修工（车身涂装修复）（五级）操作技能鉴定
试题评分表

考生姓名： 准考证号：

试题代码及名称		3.1.1 面漆喷涂（车门板）			考核时间					45 min
评价要素		配分（分）	等级	评分细则	评定等级					得分（分）
					A	B	C	D	E	
1	个人防护 1. 防毒面具 2. 防护眼镜 3. 工作服 4. 手套 5. 工作鞋	2	A	能正确穿戴防毒面具、防护眼镜、工作服、手套、工作鞋						
			B	个人防护用品有 1 项漏用或错用						
			C	个人防护用品有 2 项漏用或错用						
			D	个人防护用品有 3 项漏用或错用						
			E	差或未答题						
2	喷枪调整 1. 气压 2. 流量 3. 雾面宽度	3	A	喷涂前能正确、合理地调整喷涂气压、流量、雾面宽度						
			B	1 项错误或未做						
			C	2 项错误或未做						
			D	3 项错误或未做						
			E	未答题						
3	喷涂过程 1. 喷涂距离 2. 移动速度 3. 喷幅重叠 4. 层间干燥	8	A	喷涂过程中能保持喷涂距离在 20～25 cm、喷枪移动速度在 50～80 mm/s、喷幅重叠在 1/3～1/2，喷涂时层间留有干燥时间						
			B	缺 1 项要求						
			C	缺 2 项要求						
			D	缺 3 项要求						
			E	差或未答题						

续表

试题代码及名称		3.1.1 面漆喷涂（车门板）			考核时间					45 min
评价要素		配分（分）	等级	评分细则	评定等级					得分（分）
					A	B	C	D	E	
4	免磨中涂底漆喷后效果 1. 不粗糙 2. 无流挂、橘皮 3. 无明显砂眼、划痕 4. 无露底	8	A	完成正确						
			B	缺 1 项要求						
			C	缺 2 项要求						
			D	缺 3 项要求						
			E	差或未答题						
5	面漆喷后效果 1. 有光泽 2. 无明显橘皮、粗粒 3. 无流挂 4. 无露底 5. 无咬底	8	A	在 0.5~1 m 距离内目测完全正确						
			B	缺 1 项要求						
			C	缺 2 项要求						
			D	缺 3 项要求						
			E	差或未答题						
合计配分		30	合计得分							

考评员（签名）：

等级	A（优）	B（良）	C（及格）	D（较差）	E（差或未答题）
比值	1.0	0.8	0.6	0.2	0

“评价要素”得分=配分×等级比值。

汽车维修工（车身涂装修复）（五级）操作技能鉴定

试题评分表

试题代码：4. 1. 1。

试题名称：图案制作。

考核时间：60 min。

1. 操作条件

（1）样板图案样纸每人 1 张（A3 纸）。

（2）工件：喷过双组分面漆的车门板、翼子板，或不小于 40 cm×50 cm 大小的金属板材。

（3）可放 6~8 个考位的制作室（室内）。

（4）喷房、喷枪、气源、烤灯，喷涂所需涂料和配套辅助材料。

（5）A3 纸大小的即时贴按考生人数每人 1 张，相同大小的转移膜每人 1 张。

2. 操作内容

（1）按样板图案（见卷图 3，计算机随机抽一），以 1∶1 的比例将图案制作在规定的板材表面。

卷图 3　样板图案

（2）考生拿到的样板图案为黑白图，色彩由考试现场指定，但必须采用单组分自干漆喷涂。

3. 操作要求

（1）制作的图案尺寸应与样板图案相同。

（2）图案中漆色覆盖均匀。

（3）各色分界线分明，无模糊不清现象；线条无缺口、粗细不均现象。

（4）整图尺寸准确。

汽车维修工（车身涂装修复）（五级）操作技能鉴定

试题评分表

考生姓名：　　　　　　　　　　准考证号：

试题代码及名称		4.1.1 图案制作			考核时间					60 min
评价要素		配分（分）	等级	评分细则	评定等级					得分（分）
					A	B	C	D	E	
1	个人防护 1. 防毒面具 2. 防护眼镜 3. 工作服 4. 手套 5. 工作鞋	2	A	能正确穿戴防毒面具、防护眼镜、工作服、手套、工作鞋						
			B	个人防护用品有 1 项漏用或错用						
			C	个人防护用品有 2 项漏用或错用						
			D	个人防护用品有 3 项漏用或错用						
			E	差或未答题						
2	图案形状和尺寸 1. 形状 2. 尺寸	3	A	图案的形状和尺寸与标准样板完全相同						
			B	图案的形状和尺寸与标准样板基本相符，左右或上下的误差在±1 mm 以内						
			C	图案的形状和尺寸与标准样板基本相符，左右或上下的误差在±2 mm 以内						
			D	图案的形状和尺寸基本相符，左右或上下的误差在±3 mm 以上						
			E	差或未答题						

续表

试题代码及名称		4.1.1 图案制作			考核时间					60 min
评价要素		配分（分）	等级	评分细则	评定等级					得分（分）
					A	B	C	D	E	
3	图案线条 1. 直线平直 2. 曲线柔和 3. 位置准确	5	A	完全正确						
			B	缺 1 项要求						
			C	缺 2 项要求						
			D	缺 3 项要求						
			E	未答题						
4	图案线条交界处效果 1. 交界线清晰分明 2. 周边无杂色 3. 线条边口无串色 4. 尺寸准确	5	A	完全正确						
			B	缺 1 项要求						
			C	缺 2 项要求						
			D	缺 3 项要求						
			E	差或未答题						
5	整图效果 1. 清晰整洁 2. 色彩正确 3. 边口整齐 4. 图案整体 1 m 内目测基本无缺陷	5	A	完全正确						
			B	缺 1 项要求						
			C	缺 2 项要求						
			D	缺 3 项要求						
			E	差或未答题						
合计配分		20	合计得分							

考评员（签名）：

等级	A（优）	B（良）	C（及格）	D（较差）	E（差或未答题）
比值	1.0	0.8	0.6	0.2	0

“评价要素”得分=配分×等级比值。